Der wahre Kreisky

www.amalthea.at

Umschlag, Gestaltung, Satz: José Coll / Studio B.A.C.K.
Druck und Bindung in der EU

ISBN 978-3-85002-725-0

Der wahre Kreisky

Hans Werner Scheidl
IRONIMUS

Amalthea

Für Kathi und Leni, die ihn nicht mehr gekannt haben.

Für Hartmut [illegible]

mit allen guten Wünschen!

[illegible]

Vom Glück verlassen

Das „Königsdrama" als dunkler Schatten über einer Ära

Am 20. Jänner 1981, um neun Uhr, waren im österreichischen Ministerrat starke Nerven gefragt. Der von Bruno Kreisky verstoßene „Kronprinz" Hannes Androsch musste an seinem letzten Arbeitstag eine besondere Demütigung überstehen. Als Vizekanzler hatte er die Laudatio zum 70. Geburtstag des Bundeskanzlers zu halten. Mit steinerner Miene hörte der „Alte" zu, was der Ungeliebte vom Blatt las. Es hörte sich wie ein verfrühter Nekrolog an:

„... Die Berufung an die Spitze unserer Partei, der heutigen Regierungspartei, hat die Voraussetzung geschaffen, dass du sie zu den größten Erfolgen ihrer Geschichte führen konntest. ... In diesen mehr als zehn Jahren unter deiner Regierungsführung ist Österreich moderner und seine Wirtschaft leistungsfähiger geworden. Der Wohlstand der Menschen dieses Landes hat Europaniveau erlangt, der Wohlfahrtsstaat ist geräumiger geworden. Mehr Chancengleichheit, ein höheres Maß an Gerechtigkeit und Liberalität haben aus unserem Land eine gute Heimat für alle seine Menschen werden lassen.

Mit all unseren Nachbarländern leben wir in gutem Einvernehmen. Weit darüber hinaus hast du, dank deiner unermüdlichen Bemühungen, auf internationaler Ebene Ausgleich zu suchen und herbeizuführen, Verständigung zu erreichen und zur Sicherung des Friedens beizutragen, dir und damit unserem Land größtes internationales Ansehen erworben.

... Wir alle danken dir, dass wir zu den Ergebnissen durch dein Vertrauen unseren Beitrag leisten konnten. Meinen persönlichen Dank möchte ich anschließen, dass ich nahezu elf Jahre und damit ein schönes Stück dieses Weges gestaltend mitgehen habe können ..."

Drei Stunden später, um 12 Uhr, wurde Hannes Androsch vom Bundespräsidenten auf Vorschlag des Bundeskanzlers von den Ämtern des Vizekanzlers und des Finanzministers enthoben. Mit seinem „Lieblingssohn" Androsch hatte den alten Bruno Kreisky im doppelten Sinne das Glück verlassen.

Zur Ehre der Altäre erhoben

Im Bruno-Kreisky-Archiv an der Rechten Wienzeile

„Lernen S' Geschichte", hatte Bruno Kreisky einst gegrantelt und die Journalistenmeute gemeint. Also gut – wir sind lernwillig. Wo atmet man am ehesten Geschichte, wo könnte die Erinnerung an „ihn" konserviert sein? Wo lebt man im Gestern und betreut die Zukunft? Im Bruno-Kreisky-Archiv an der Rechten Wienzeile im 5. Wiener Gemeindebezirk. Die stoische Ruhe, die der „Alte" einst ausstrahlte, hat sich in den holzgetäfelten Räumen im dritten Stock quasi materialisiert. Keine Hektik, die hatte schon den legendären „Sonnenkönig" rasend gemacht. Nein, drei jüngere Herrschaften, dazu drei Halbtagskräfte, verwahren, hüten und katalogisieren einen Schatz, den pro Jahr rund 100 Journalisten, Historiker und Lehrer zu würdigen wissen.

Die drei Archivare kennen zwar die Persönlichkeit des ihnen hier Anvertrauten, ihn selbst haben sie nur ein Mal kurz kennen gelernt, als der schon alte und kranke Mann dieses Archiv eröffnete.

Umso deutlicher erinnert sich der einstige Chefredakteur der „Arbeiter-Zeitung", Franz Kreuzer, an einen Kreisky-Besuch in dem Verlags- und Redaktionsgebäude der SPÖ: „Es war der Abend des Parteitags 1967, bei dem Kreisky zum Vorsitzenden gewählt worden war. Herein trat der neue Parteiobmann und ging schnurstracks in den kleinen Nebenraum, in dem einst Otto Bauer gearbeitet hatte. Kreisky blieb allein, stand etwa fünf Minuten vor dem silbergerahmten Bild Bauers. Eigentlich wollte er immer Chefredakteur der ‚Arbeiter-Zeitung' werden."

Man kann sich diese fast religiös anmutende Szene ganz gut vorstellen. Es handelt sich um das „Kleine Parteivorstandszimmer", das in seiner Jugendstil-Pracht vollständig erhalten geblieben ist. Das mächtige Gebäude, 1907 bis 1909 von den Jugendstilarchitekten Franz & Hubert Gessner erbaut, diente bis 1934 als Parteizentrale, nach dem Krieg bis 1986 waren hier der „Vorwärts"-Verlag und die Redaktion der „Arbeiter-Zeitung" untergebracht. Im Eckhaus (heute das Hotel „Ananas") war die modernst eingerichtete Druckerei.

Kreisky selbst kann nur noch aus den 2000 Karteischachteln zu uns sprechen. „Staatsvertrag" steht auf einigen, „Beschäftigungsfragen in Europa" – das klingt schon sehr nahe. Es war die letzte Sorge, die den alten Kreisky bis zu seinem Tod umgetrieben hatte. Natürlich neben der Ohnmacht, mit der der Schwerkranke den Fall der Berliner Mauer 1989 und die Umgestaltung Osteuropas mitverfolgen musste. „Zehn Jahre jünger sollt' man halt sein", murmelte er bei unserem letzten Gespräch. Am 29. Juli 1990 starb er 79-jährig nach schwerem Leiden.

*

Doch sein Nachlass „ist nicht ein Haufen Staub", wie Maria Mesner sagt, die wissenschaftliche Leiterin des Kreisky-Archivs. Die Mitarbeiter haben sich durch viele Publikationen ihren Namen gemacht, wobei das Spektrum von der Abtreibungsdiskussion in der Ära Kreisky bis zur Globalisierung reicht. Auch eine vergleichende Studie zwischen Österreich und Schweden kann auf Erfahrungen aufbauen, die Kreisky sehr ausführlich zu Papier gebracht hat. Er wusste, wovon er schrieb, denn er hatte die Kriegsjahre im schwedischen Exil verbracht.

„Sehr viel Material haben wir auch von Hertha Firnberg“, erzählt Maria Mesner. Und dann natürlich auch „Staubfänger“. Das metallisch glänzende Modell der Wiener UNO-City etwa. Wer die Entstehungsgeschichte dieses architektonischen Geniestreichs kennt, der ahnt, mit welcher Dankbarkeit Architekt Johann Staber dem Kanzler dieses Geschenk machte. Daneben, hinter Glas, Gastgeschenke von ausländischen Potentaten. Paradedolche aus dem arabischen Raum, ein Silberleuchter von Sadat. Dafür gibt es heute kaum mehr Interesse.

Wohnhaft in Wien XIX

Die Telefonnummer in Döbling kannte halb Wien

Versuchen wir es anderswo. Wir wandern einfach die Grinzinger Straße hinauf und biegen in die Armbrustergasse ein. Linker Hand der Heurige Zimmermann – und da ist schon das schwarze Vorgarten-Gitter, dahinter, etwas zurückgesetzt, die „Kreisky-Villa“. Eine ansehnliche Immobilie mit prachtvollem Garten, der den halben Häuserblock einnimmt. Ein fürstliches Anwesen für einen sozialistischen Funktionär. Heute ist der Außen-Pool verschwunden. Der Garten dient den Studierenden, die hier im „Bruno-Kreisky-Forum für internationalen Dialog“ auf den Spuren des Staatsmannes wandeln wollen.

1954 waren die Kreiskys hier als Mieter der Wiener Städtischen Versicherung eingezogen: Vater Bruno, damals schon Staatssekretär, Mutter Vera, Sohn Peter, Tochter Suzanne. Es traf sich günstig, dass man mit dem Versicherungsdirektor Otto Binder gut bekannt war. Im schwedischen Exil hatten sich die früheren sozialistischen Jugendfunktionäre kennen gelernt. Später

sollte Otto Binder Schwiegervater von Heinz Fischer werden. In früheren Zeiten spielte sich hier in Döbling Politik bei Frittatensuppe und Tafelspitz ab. Beileibe nicht nur die kleine österreichische Innenpolitik. Das Vorzimmer im ersten Stock: Sehr groß ist es geworden, hell, viel Holz, viel Metall, viel Glas. Früher, ja da hing hier der schwere graue Wintermantel mit dem Pelzkragen am Haken. Da steckten die Spazierstöcke im Schirmständer. Darüber auf der Hutablage war die üppige Sammlung von Homburgs zu bewundern. Braun, dunkelblau, schwarz.
Der Wohnsalon: einfache Regale, die Bücher hinter Glas. Und sehr viele gerahmte Fotos, die Kreiskys Bekanntschaft mit den Großen dieser Welt dokumentieren. So viel Geschmack der Hausherr stets auf die Kleidung verwendete, so wenig verschwendete er zeitlebens für Wohnaccessoires. Groß musste das Zimmer sein, für viele Gäste, praktisch und haltbar das „Meublement", wie er sagte. Aber nicht wirklich schön – jetzt kann man's ruhig sagen. Wäre auch angesichts der Hunde Goliath und Bianca hinausgeschmissenes Geld gewesen, die so gut wie alles tun durften. Der Kanzler liebte diese Boxer, extrem gutartige Tiere, die wahrscheinlich jeden Einschleicher freundlich begrüßt hätten.
In manchen Jahren besaßen die Kreiskys sogar drei Boxer. Gäste erinnern sich mit Schaudern an die total verwöhnten Biester. Es wird berichtet, dass die Servierhilfe in Erwartung eines hohen Gastes schon Schalen mit Nüssen und Salzmandeln zur Begrüßung aufgestellt hatte, und die Viecher nicht nur daran schnüffelten, sondern auch „hineinsaftelten".

*

Der junge „AZ"-Redakteur Ulrich Brunner hatte dort 1973 ein traumatisches Erlebnis. Damals war der engere Kreis der „AZ"-Redaktion beim Parteivorsitzenden im Garten. Kreisky saß in der Hollywoodschaukel, die „AZ"-Crew auf Sesseln im Halbrund um den Chef. Leider waren die Hunde nicht still. Besonders lästig war der Rüde, der mit seinen Lefzen andauernd Brunners schönen Anzug ansabberte. Während Kreisky monologisierte, versuchte Brunner, den lästigen Boxer unauffällig wegzudrücken, was bei dem kräftigen Rüden nicht gelang. Irgendwann wurde es dem kleinen Redakteur zu bunt. Er herrschte den Rüden an: „Schleich dich!" Kreisky unterbrach seinen Monolog über seine Zeit als Kriegsberichterstatter im finnischen Winterkrieg und durchbohrte den Übeltäter mit einem strafenden Blick. So redete man nicht mit seinen Hunden! Die Rache sollte viel, viel später folgen („Lernen S' Geschichte, Herr Reporter!").

*

Da ist es noch, das kräftig mit Tulpen gemusterte Sofa (Design Josef Frank) in der Zimmermitte. Hausfrau Vera liebte diese kräftigen Farbtupfer. Es ist ein Duplikat. Das Original besitzt Sohn Peter. Und auch Oskar Kokoschkas Dankesbrief hängt noch gerahmt neben dem offenen Kamin. Und der ist echt.
Dank wofür? Nun, Kreisky hatte sich 1974 völlig bewusst der Irreführung der Behörden schuldig gemacht – und das als Bundeskanzler. Er wollte den weltberühmten Künstler für Österreich zurückhaben, dem Besitzer eines britischen Passes die österreichische Staatsbürgerschaft zurückgeben. Doch der in der Schweiz lebende Kokoschka war zu stolz, um darum zu bitten. Außerdem hatte er keinen Wohnsitz in Österreich. Also meldete ihn Kreisky ohne dessen Wissen einfach als Untermieter in der Armbrustergasse – der Zweck heiligte die Mittel. 1974 konnte Kreisky dem verdutzten Maler die neue Staatsbürgerschaftsurkunde übermitteln. Kokoschka antwortete gerührt, amüsant auf diesen Handstreich: er werde „noch lebendig der Republik Österreich einverleibt".
Peter Kreisky, jetzt im Pensionsalter, erinnert sich beim Rundgang durch sein Elternhaus an die politischen Diskussionen mit dem Vater. Der Vietnamkrieg, die Debatte um die Atom-

kraft, der Umweltschutz, die Kärntner Ortstafeln – das waren Streitpunkte zwischen Alt und Jung. In Wahrheit aber war der Vater stolz auf den politisch hyperaktiven Sohn, weil ihn das an seine eigene Jugend in der illegalen SJ erinnerte. „Manchmal hat er gesagt: ‚Ihr Jungen müsst aktiver werden.'" Peter tat es. Er war Wiener Obmann der Sozialistischen Mittelschüler, dann der „roten" Studenten. In einer Kampfabstimmung gewann er 1965 gegen die „Nachfahren der rechten Gruppe um Androsch".

Schon beim Frühstück gab es erbitterte Diskussionen mit dem linksgewickelten Sohn. Damit er auf gleicher Augenhöhe debattieren konnte, bat Peter den Freund des Hauses, Heinz Kienzl: „Gib mir bittschön a paar Argumente gegen mein' Vater!" Meistens aber obsiegte das Familienoberhaupt. Einmal wollte Peter kurz die Hintergründe der Kulturrevolution Mao Tse-tungs in China erläutern. Der Vater unterbrach ihn mit dem Hinweis: „Das war ganz anders" – und referierte dann eine Stunde lang über die Entstehung der Volksrepublik. Sein Schlusssatz, klassisch: „So, Peter, jetzt tät' mich doch interessieren, wie ihr Jungen das Problem seht."

Mit den Diskussionen war es immer recht bald zu Ende, denn unaufhörlich klingelte das Telefon. Der Kanzler verkündete anfangs ganz stolz, dass er wie jeder Normalsterbliche im Wiener Telefonbuch stehe: „Kreisky, Dr. Bruno, Wien XIX, Armbrustergasse 15, 37 51 18" (später übrigens 37 12 36). Mit der Zeit wurde das aber doch äußerst lästig, denn die Leute probierten einfach aus, ob „der Alte" wirklich abheben würde. Ehestreitigkeiten sollte er schlichten, Beschimpfungen wegstecken, Lob einheimsen, Bitten um irgendwelche Beförderungen erfüllen und vieles andere mehr. Margit Schmidt erinnert sich an eine Regennacht, in der seine Mitarbeiter mit ihm an einer Parlamentsrede gearbeitet hatten. Um Mitternacht rief eine alte Dame an, weil der Regen durchs schadhafte Dach in ihr Haus strömte. Kreisky mobilisierte die Feuerwehr.

Schließlich wurde es dem Geplagten zu bunt. Er entrierte im Parlament die Installierung eines „Ombudsmanns" nach skandinavischem Muster. Daraus wurde letztlich die Volksanwaltschaft. Mit drei Personen. Von jeder Partei einer, wie das halt so üblich ist in Österreich.

Oft in der Armbrustergasse zu Gast war Herbert Krejci, Generalsekretär der Industriellenvereinigung. „Da war eine ganze Partie junger Leute zum Abendessen eingeladen, es gab Ente mit Rotkraut und Salzgurken. Die haben wie die Firmlinge eineg'haut. Als Ehrengast war Manès Sperber gekommen. Was würde der berühmte Autor den jungen Menschen mit auf den Weg geben, fragte ich mich erwartungsvoll." Das erste kostbare Wort des großen Literaten war ebenso überraschend wie enttäuschend: „Salzgurken", rief der Weltberühmte, „Salzgurken!"

Erst später, wieder vor dem Haus, sehen wir die silberglänzende Porträtbüste Kreiskys auf der gegenüberliegenden Straßenseite. Ein graues, altersschwaches Schulgebäude stand hier zu Kreiskys Zeiten. Jetzt ist die Umgegend hell und freundlich. Ja, und sehr modern. Dennoch für unser heutiges Österreich nicht ohne Symbolkraft: statt einer Schule – ein Pensionistenheim.

Schön ist sie ja nicht gerade, die Kreisky-Büste. Aber – mit Verlaub – „schön" war der Bewohner auf Numero 15 ja auch nicht wirklich. Dafür umso interessanter, das ja. Und daher ein denkbar attraktives Opfer für die Karikaturisten. Gustav Peichl („Ironimus") hat ihn etwa 300 Mal gezeichnet. „Ich werde meinen Karikaturen immer ähnlicher", kokettierte der Kanzler mit seiner medialen Präsenz.

*

Begeben wir uns auf eine nostalgische Reise durch das Leben dieses faszinierenden Mannes, der heute noch all seine Nachfolger überstrahlt. Oder kennen Sie über die irgendwelche Witze? Anekdoten? Genau das ist aber der Gradmesser – und ein untrügliches Popularitätsbarometer.

Bruno Kreisky, der Karikaturistenkanzler, 1975

Die „gute Adresse" war ein Bluff

Das Vaterhaus stand nicht „auf der Wieden"

Die großbürgerliche Familie Kreisky lebte im Bezirk Margareten in bequemen Umständen. „Meine Mutter hatte die heute unvorstellbare Zahl von zwei Hausgehilfinnen und einem Kindermädchen", erinnerte sich der Bundeskanzler 1981 für eine Schallplattenaufnahme zu seinem 70. Geburtstag. Der damals Fünfjährige erlebte das Begräbnis Franz Josephs I. im Jahre 1916: „... Es war ein Tag der Kälte und Düsternis in jedem Sinne, und noch in der Erinnerung hat er etwa Unheilvolles." Noch im Alter sei er durch die Gassen seiner Kindheit „eher ungern" gegangen, weil es dort kaum einen Hausmeister gab, dem er als Bub nicht die Fensterscheiben zerschossen habe. Der böhmischen Köchin habe er den Leitartikel aus der „Neuen Freien Presse" vorlesen müssen. Denn der war natürlich in Fraktur gesetzt. So übten beide das schwierige Zeitunglesen. Der Artikel hieß „Frieden" – und die Köchin wollte wissen, „ob's stimmt".

*

Einen Tag nach dem Tod Victor Adlers, am 12. November 1918, kam die Nachricht vom Ausbruch der Revolution. „Was man halt damals Revolution genannt hat", spöttelt Kreisky im ersten Teil seiner Memoiren. „Wir merkten das vor allem daran, dass die gefürchtete Polizei mit den Pickelhauben nicht mehr durch den Park ging, um uns vom Rasen zu vertreiben, wenn wir dort mit dem sogenannten Fetzenlaberl Fußball spielten, das aus schön zusammengewalkten Strümpfen bestand. Die Stadtschutzwache wurde an diesem Tag auf die Republik vereidigt, und wir sind ins Gras hinein wie die jungen Hunde."

Staatsvertrag, 1955
Julius Raab, Wjatscheslaw Molotow

Weil er stets auf eine „gute Adresse“ Wert legte, verlegte Kreisky in späteren Erzählungen sein Vaterhaus einfach in den 4. Bezirk, auf die Wieden. Er sei ein gebürtiger Wiedener, beschied er alle Nachfragen. Das war einer seiner vielen kleinen Tricks, die ihm die Leute gar nicht übelnahmen. Dabei gibt es auch in der Sankt-Johann-Gasse in Margareten durchaus gediegene Bürgerhäuser – mit „Mezzanin“, einer Spezialität des gehobenen Wiener Bürgertums.

Wie auch immer: „Ich war kein Spitzenschüler, kein schlechter Schüler, ich bin aber nie durchgefallen. Und – ich schäme mich, das öffentlich zu sagen – ich hab schon Schule geschwänzt. In Singen und Handfertigkeit war ich kein großer Macher.“

Dann kam eine schwierige Klippe im Leben des Gymnasiasten: die Tanzschule. Mutter Kreisky schrieb ihn bei Elmayer ein, weil sich das in besseren Kreisen so gehörte. Bruno freilich ging heimlich lieber zur Sozialistischen Arbeiterjugend. Und die Buben in kurzen Hosen und die Mädchen spotteten über das feine Burli, das da im eleganten Gabardin-Anzug zur Heimstunde kam.

So erlernte Kreisky nie die feine Tanzkunst. „Das ist zwar bedauerlich, aber da ich es nicht kann, tu ich's auch nicht. Es wäre eine Qual für jede Partnerin“, sagte er einmal als Regierungschef. Trotzdem blieb es ihm nicht erspart, als Bundeskanzler alljährlich den Opernball besuchen zu müssen. Legendär das Interview mit Heinz Fischer-Karwin: „Herr Bundeskanzler, was machen Sie eigentlich auf dem Ball? Sie tanzen nicht, Sie trinken nur Mineralwasser …“ – „No ja“, kam zögerlich die Antwort, „reden, viel reden.“ Und dann, nach einer Pause: „Und warten, bis der Herr Bundespräsident geht. Dann kann ich auch gehen.“

*

Bruno Kreisky war in diesen Zeiten nicht der einzige Jugendliche, der sich aus Protest gegen die gutbürgerliche Familie den Sozialisten anschloss. Beim Nachmittagstee im elterlichen Salon

Die Vier, die auszogen, das Fürchten zu lernen, 1955
Julius Raab, Adolf Schärf, Leopold Figl, Bruno Kreisky

seufzte eine reiche Dame: „Sei froh, dass dein Bub nur Sozialist ist – meiner ist bei den Kommunisten."

Es war eine Zeit des Suchens. Mit Milan Dubrović, dem österreichischen Presseattaché in Bonn, spazierte Kreisky in den Siebzigerjahren gern am Rheinufer. Dubrović überlieferte ein Bonmot Kreiskys, das leider nicht mehr zu verifizieren ist: „Wenn ich net a Jud wär', wäre ich vielleicht zu den Christlichsozialen gegangen." Naja.

Jugendlieben? Ja, die gab es. Glückliche, weniger glückliche. Er war ja kein wirklich verlässlicher Freund, weil er den Mädchen mehrmals wegen Gefängnisaufenthalten abhandenkam. Einmal hat er ein Mädchen sehr verehrt, das war äußerst hübsch, aber durchs Elternhaus nazistisch beeinflusst. Ein andermal geriet er an eine fesche Kommunistin. Jung und verliebt zu sein, das war damals schwierig. Erstens war alles verpolitisiert und zweitens mangelte es an der Gelegenheit, allein zu zweit sein zu können. Alle möglichen Tricks erlernte der junge Bruno: „Man musste in Wien sein, wenn die Eltern am Land waren. Dann mussten auch noch die Hausangestellten weg sein. Denn so aufgeschlossen meine Eltern auch waren – das billigten sie natürlich nicht."

Also ging man ins Kino. Freilich nur, wer es sich leisten konnte. Bruno konnte, sein Taschengeld war relativ üppig.

*

Schon als Mittelschüler entwickelte Kreisky seinen eigenen Kleidungsstil. Ein älterer Cousin hatte es bis zum Direktor einer Automobilfabrik gebracht, als er plötzlich starb. Da er eine ähnliche Statur hatte, erbte Bruno dessen Anzüge und Maßhemden. Bis zu seinem Lebensende bevorzugte er seitdem ähnliche Anzugstoffe und -schnitte.

In seiner Maturaarbeit über die Wirtschaftsverhältnisse in Österreich wich der junge Kreisky von der offiziellen Parteilinie bemerkenswert weit ab: Unter gewissen Bedingungen sei das kleine Land durchaus lebensfähig, urteilte der Maturant. Sein

Moskau lädt ein, 1955

Professor, ein betont „Nationaler", bemerkte ironisch: „Damit befinden Sie sich im Gegensatz zu Ihren Parteifreunden." Denn Otto Bauer plädierte noch immer strikt für eine Vereinigung mit der demokratischen Weimarer Republik.

Fabrikantensohn – und Sozi

Illegaler Sozialdemokrat noch dazu

Im Herbst 1929 begann Bruno Kreisky das Studium der Rechtswissenschaften, obwohl er eigentlich Mediziner werden wollte. Doch ihn lockte die Aussage eines Funktionärs: „Die Partei braucht gute Juristen." 1934 gründete er mit Franz Olah und Roman Felleis die „Revolutionäre Sozialistische Jugend". Die offizielle – aber natürlich auch illegale – Sozialdemokratie erschien ihnen zu feig.
Der Jungpolitiker Kreisky ging seinen Wiener Genossen damals in den Dreißigerjahren mit seinen Aktivitäten und seiner Eloquenz manchmal ordentlich auf die Nerven. Sie gaben ihm Niederösterreich als Agitationsfeld. Wie er selbst in seinen Memoiren formulierte, war diese Abschiebung mit der Hoffnung verbunden, sich dort zu „derstessen". Eine Hoffnung, die sich – und dies durchaus zum Vorteil der Sozialdemokratie – bekanntlich nicht erfüllte.

In den Februartagen 1934 war Kreisky freilich noch ein ganz kleiner freiwilliger Meldegänger. Seine lebenslange Freundschaft mit Franz Olah, Otto Probst und Felix Slavik rührt aus diesen Sturmtagen. „Am 12. Februar nachmittags kam dann der Kreisky mit dem Manuskript des Aufrufs zum Generalstreik, den die Parteileitung verfasst hatte", erzählte Olah noch kurz vor seinem Tod im Jahre 2009. „Der war viel zu lang, also haben wir einfach

Wovon kann der Kanzler denn schon träumen, 1955
Julius Raab

ein paar Absätze herausgenommen. Die hatten nicht bedacht, dass die Druckereimaschinen ja nicht funktionieren, wenn der Strom abgeschaltet ist. Wir haben den Aufruf zwar vervielfältigt, aber unter die Leut' haben wir die Blatt'ln nicht mehr gebracht. Es war alles umsonst. Es hat nichts funktioniert. Wie gewöhnlich. Ohne diesen Abziehapparat hätte die Partei in Wien nichts gehabt. Man muss sich das einmal vorstellen!"

*

Kein Dogma, sondern beinahe eine Obsession, die er nicht beiseite räumte, war die Erinnerung an diesen Bürgerkrieg, den der Republikanische Schutzbund – gegen der Willen der sozialdemokratischen Parteiführung! – im Februar 1934 ausgelöst hatte. Kreisky erachtete den 12. Februar 1934 „als *die* (Hervorhebung durch Kreisky selbst) Konfrontation, mehr als vier Jahre später den Einmarsch Hitlers". So schrieb er selbst 1986 noch in seiner Autobiographie „Zwischen den Zeiten".

Nur so erklärt sich später ein beachtlicher Teil von Kreiskys Innenpolitik, auch seine realitätsferne Ankündigung bei der Bildung der ÖVP-Alleinregierung 1966, sich im Parlament für verfolgte Sozialisten einsetzen zu wollen, „und wenn wir Stunden um Stunden Listen verlesen müssen". Und die versöhnliche Haltung gegenüber den ehemaligen Nazis.

Mit dem jugendlichen Spaß an konspirativer Agitation war es rasch vorbei: Die ganze Gruppe flog auf. Am frühen Morgen des 30. Jänner 1935 wurde der Student Bruno K. als „Präsidialhäftling" in die „Liesl", ins Polizeigefangenenhaus an der Kaiserin-Elisabeth-Promenade überstellt (die heutige Rossauer Lände). Die Verhaftung vollzog sich kabarettreif. Zwei Staatspolizisten nahmen den Studiosus – nach einer gründlichen, aber ergebnislosen Hausdurchsuchung – in die Mitte und bugsierten ihn in die Straßenbahn. Aber wer sollte den Fahrschein bezahlen? „Das müssen die Herren da zahlen", sagte Kreisky zum Schaffner. „Ich fahr' ja hier nicht freiwillig." Die zahlten murrend.

Frei!, 1955
(Die Karikatur wurde weltberühmt)

Was die Behörden interessierte: War Kreisky illegal beim nach Brünn geflüchteten Otto Bauer gewesen? Kreisky leugnete. – „Machen S' uns das Leben net so schwer", flötete der Kommissar. Kreisky: „I war net in Brünn." Er wusste, sein Pass mit dem verräterischen Stempel war bei einer Freundin gut versteckt. Plötzlich hielt der Beamte dem Untersuchungshäftling eben diesen Pass unter die Nase: „Wir wissen alles!"
Was war geschehen? Die Freundin war inzwischen umgezogen, die Möbelpacker hatten den unbekannten Pass aufs Fundamt gebracht, dort fragten die korrekten Beamten beim Meldeamt, wo der Besitzer wohnhaft sei, um ihm das Dokument zusenden zu können. Die Antwort lautete: „K.-E.-Promenade, Gefangenenhaus." Und so wurde der Reisepass dorthin zugestellt. Leider nicht an den Besitzer, sondern an die Direktion.
Später übersiedelte Kreisky ins „Landl", ins Landesgericht, wo er ein Tagebuch begann. Und das ist eine Geschichte für sich. Eine recht bemerkenswerte.

*

Im Herbst des Jahres 2008 stellte die Historikerin Ulrike Felber gerade ein Buchmanuskript über Kreiskys Tagebuch fertig. Sie musste sich dabei auf Kopien stützen, die im Bruno-Kreisky-Archiv verwahrt werden. Das Tagebuch selbst galt als verschollen. Da langte zu Weihnachten 2008 bei Margit Schmidt, der langjährigen engsten Kreisky-Mitarbeiterin, eine anonyme Zusendung ein. Im Kuvert: ein Plastikumschlag mit dem originalen Tagebuch. So konnte man die komplette Geschichte rekonstruieren, die aus den Kopien nicht klar ersichtlich gewesen war: Der Häftling B. K. hatte sich aus dünnem, gefaltetem Schreibpapier ein Heft gebastelt, 48 Seiten. Die letzten 17 Seiten sind leer geblieben. Ulrike Felber editierte das Tagebuch 2009, im Mandelbaum-Verlag ist es erschienen.
16 lange Monate ließ man die jungen Leute bis zur Hauptverhandlung dunsten. „Eingesperrt sein ist keine Hetz", resümierte

Im Genfer See, 1960

Kreisky im Alter. Immerhin ist „Hochverrat" keine Kleinigkeit. Schwere Kerkerstrafen drohten, zwei der Genossen waren sogar Todeskandidaten. Der junge Kreisky wusste: Aus dem Spiel war tödlicher Ernst geworden.
„Ich werde vor meine Richter treten", vertraute er am 30. Juni 1935 dem Tagebuch an, „und ihnen von meinem Leben erzählen, wie die herrliche Jugendbewegung zum Lebensinhalt für mich geworden ist, was sie aus mir gemacht hat. Ich werde mein politisches Bekenntnis ablegen ..."
Im Nachhinein bezeichnete Kreisky diese lähmenden 16 Monate als sein „eigentliches Studium". Er verschlang eine Unzahl von Büchern, arbeitete von 6 Uhr bis 18 Uhr ohne Unterlass. Die dem Tagebuch beigelegten Bücherbestellungen bei der Gefängnisverwaltung geben darüber anschaulichen Aufschluss. Selbst Lenins Werke studierte er penibel, darunter auch das unverständlichste: „Materialismus und Empiriokritizismus". Aber auch überaus Seichtes: „Aufruhr der Herzen" erwischte er in der Gefängnisbibliothek. Doch das Buch wurde ihm bald wieder weggenommen: „Bei uns da herinnen gibt's kan Aufruhr net!" Die verbotene „Arbeiter-Zeitung" wurde einmal pro Woche in Brünn hergestellt und nach Österreich eingeschleust. Als sich Kreisky beim Gefängnisaufseher beschwerte, dass es in der Bibliothek nur so fade Lektüre wie die „Gartenlaube" von 1909 gebe, grantelte der Aufseher: „Für Ihna werd' i ka ‚Arbeiter-Zeitung' aus Brünn daherschmuggeln." Stattdessen versuchte der bärbeißige Wärter, Kreisky das Kartenspiel beizubringen. Da diesen das überhaupt nicht interessierte, machte er so kapitale Fehler, dass der Wärter mit einer unnachahmlichen Geste der Verzweiflung die Karten mit den Worten zusammenwarf: „Du bist sogar für das z'blöd."

Der Großbürgersohn lernte eine Klientel kennen, die ihm völlig fremd war: „Ich habe mit folgenden Berufen Bekanntschaft gemacht: Einbrecher (Kassen, Villen, Juwelen etc.), Diebe, intern.

Poker um den Vorsitz, 1967
Bruno Pittermann

Taschendiebe, Betrüger, Hehler, Kridatare, Schmuggler, Passfälscher. Viele waren im Nebenberuf auch Zuhälter. Ich habe mich mit allen recht gut vertragen. Es gibt ganze Kerle unter ihnen … Wir, die 25-Jährigen, haben also auch schon eine Vergangenheit, wir haben unser ‚Fronterlebnis'!"

Kreisky bemühte sich redlich, die Grundzüge der Ökonomie zu erlernen. Um sich zu systematischer Arbeit zu zwingen, fertigte er ein „kleines nationalökonomisches Wörterbüchlein" an. Und einen „Behelf zur Lektüre des ‚Kapital'" von Karl Marx. In seinem Tagebuch vermerkte er aber auch die heiteren Seiten seines Einsiedlerdaseins: Ein Häftling putzte sich im Waschraum die Zähne. – Ein Posten: „Ja, san Sie a Hur …?" Ein anderer wollte sich einen Winterrock zusammennähen, in dessen Futter er alle möglichen europäischen Banknoten verborgen hatte. Es handelte sich um einen der berühmtesten Schlafwagendiebe. Kreisky half ihm beim Nähen. Der Dieb bewunderte die Fingerfertigkeit und seufzte schließlich: „Schad', dass du a politischer Häftling bist. Aus dir könnt' i noch was machen."

Am 17. Jänner 1936 begann in Wien der Sozialistenprozess. „Star" war Bruno Kreisky, der sich gut vorbereitet hatte. Auch die Staatsgewalt hatte gut vorgebaut: Die Sache sollte ohne große Medienöffentlichkeit vonstattengehen, „die Teilnahme von ausländischen links orientierten Pressevertreter(n)" sei zu unterbinden. Dies gelang nicht. Diverse ausländische Gesandtschaften protestierten und intervenierten – und nun waren erst recht Auslandskorrespondenten im Verhandlungssaal.

Kreisky konnte in der Hauptverhandlung all das aussprechen, was er sich in der langen U-Haft zurechtgelegt hatte. Jetzt ging es nicht um die eigene Person, sondern um eine möglichst nachhaltige Außenwirkung für die Partei.

„In der Anklageschrift wird uns vorgeworfen, dass wir den Klassenkampf mit revolutionären Mitteln führen wollen, also für die Revolution sind", begann er. Das sei nicht zu leugnen. Aber „es ist ganz und gar falsch zu behaupten, eine Revolution

Die SPÖ geht von Bord, 1966
Bruno Pittermann, Josef Klaus

könne nur Bürgerkrieg und blutige Gewalt bedeuten. ... Indem unsere Idee immer größere Teile des Volkes für sich gewinnt, erlangen wir die Mehrheit und dadurch die Macht. Wir haben jedoch in unserem Lande nicht die Möglichkeit, unsere Idee zu vertreten – ihre Bekenner wandern in den Kerker. Man gebe uns das, was die Arbeiterschaft Englands, Frankreichs und anderer Länder als selbstverständliches Recht hat: die Freiheit der Idee – und es wird keine illegale sozialistische Bewegung geben! ... Wir sind gegen jeden Putsch und jeden Terror, vor allem deshalb, weil wir nicht so töricht sind, uns mit unserem Gegner auf einem Felde zu messen, auf dem er uns ungeheuer überlegen ist. Einen Staat, der jährlich viele Hunderte Millionen für seine Exekutive ausgibt, den kann man nicht mit Krampen und Schaufeln besiegen ...“
Wegen des großen Aufsehens im Ausland fielen die Strafen am 24. März 1936 schließlich milde aus. Kreisky erhielt ein Jahr Kerker zugemessen, Franz Jonas wurde sogar freigesprochen. Im Juli 1936 wurden alle amnestiert.

„Bruno, es ist Zeit!“

In letzter Minute: Die Flucht über Dänemark nach Schweden

1938 suchte der Staat den Studenten K. schon wieder. Diesmal waren es die NS-Behörden. Am Tag des „Anschlusses“ hatte er noch rasch sein letztes Rigorosum abgelegt, dann meldete er sich bei der Polizei, weil man den Eltern Repressalien angedroht hatte. Im Gefangenenhaus saßen jetzt neben den „Sozis“ auch die Christlichsozialen. Einer von ihnen war Exfinanzminister Draxler: „Kreisky, wieso kennen Sie das alles hier so gut? Haben Sie das als Advokat kennen gelernt?“ – „Nein, nein, das kenne ich aus der Zeit, da Sie und Ihre Regierung mich hier

Werben um die Kirche, 1967
Bruno Pittermann

eingesperrt hatten!" Weil die Zellen überfüllt waren, marschierten die Häftlinge tagsüber ruhelos durch den Turnsaal. Neben Kreisky der bekannte Fritz Grünbaum. Der Kabarettist hatte seinen Humor noch nicht ganz verloren: „Da gehen wir und gehen wir. Und die da draußen glauben, wir sitzen."

*

Dem Nationalsozialisten Josef Weninger verdankt der Jude Kreisky letztlich sein Entkommen. Weninger war im Jahr 1936 als illegaler Nazi Kreiskys Zellengenosse gewesen und hatte jetzt unter dem neuen Regime Karriere als Polizeibeamter gemacht. Die Gestapo gestattete Kreisky, das Land zu verlassen. Nachdem er versprochen hatte, nach Bolivien zu gehen, ließ man ihn frei. Doch nicht Südamerika war sein Ziel, sondern das sozialdemokratisch regierte Schweden.
Am 21. September 1938 gelang dem 27-Jährigen nach erheblichen bürokratischen Schwierigkeiten die Ausreise aus Österreich. Für seine letzten Prüfungen in Wien hatte Kreisky einen Kurs beim Juristen Erich Roland belegt, der nach dem Krieg die berühmte Maturaschule gleichen Namens begründen sollte. Roland war dabei, als ein Freund Kreiskys in den Kurs kam – mit dem vereinbarten Stichwort für die Flucht: „Bruno, es ist Zeit!" Er übergab dem Freund einen dicken Wintermantel des Vaters. Und in die Manteltasche hatte der Vater das dickste Buch gesteckt, das der in seiner Bibliothek gefunden hatte. Denn Bruno hatte um viel Lektüre gebeten – er werde lange unterwegs sein. Der Roman sollte in späteren Jahren erst durch Kreisky wirklich berühmt werden: Musils „Der Mann ohne Eigenschaften". So spielt der Zufall …

Kreisky landete zunächst in Dänemark – „ein unbeschreibliches Gefühl der Freiheit! Da hat niemand gefragt nach der Religion der Großmutter." Dort erwartete ihn der Jugendfreund Joseph T. Simon, dem schon zuvor die Flucht geglückt war.

Das Gute gilt für jeden, 1967

In seiner Autobiographie beschreibt Simon eine äußerst brenzlige Situation. Die dänische Polizei hielt Kreisky am Flugplatz fest und wollte ihn nach Österreich zurückschicken. Simon kam im allerletzten Moment mit dem Visum für Schweden, und das Wiedersehen war kein freudiges, wie der Freund später schilderte: „Er machte mir heftige Vorwürfe, weil ich so spät kam."
Über die Umstände seiner Flucht ins Exil erzählte Kreisky im Laufe der Jahrzehnte immer wieder voneinander abweichende Details. Das regte wieder Simon auf: Ob er denn vergessen habe, wie das damals war? Kreisky schrieb ihm diplomatisch zurück: „Ich habe nie bestritten, dass du mir einmal bei der Verschaffung eines Durchreisevisums durch Dänemark behilflich warst." In seiner Autobiographie merkte Simon dazu säuerlich an: „Ich glaube, man nennt das im Englischen ‚understatement'."

*

Was tut nun ein echter Österreicher im Exil? Er fährt Ski. Bruno setzte seine Schwünge in den Schnee Lapplands, eine Abwechslung zum Alltag in Stockholm. Im nordschwedischen Kiruna durfte der Emigrant aus Österreich sogar eine kleine Rede zum 1. Mai halten – ein Genosse übersetzte. Kreisky verdingte sich als Journalist für die englischsprachige „Tribune" und andere Blätter, berichtete unter anderem vom finnisch-russischen Winterkrieg.
Aber zunächst war er todunglücklich. Nur langsam lernte er ebenfalls geflüchtete Österreicher kennen. Einer von ihnen urteilte: „Der Bruno is' a ganz a ordentlicher Mensch. Aber meinen Kopf sollt' er halt haben …" Eine hübsche Schwedin sollte ihm die Landessprache beibringen. Leider konnte die nicht Deutsch. So lernte er Sätze wie: „Der Hering in der Nordsee ist größer als jener in der Ostsee." Kreisky: „Aber das braucht man halt nicht sehr oft. Das ist wie der Witz mit dem Stotterer: Der lernt in der Sprachschule brav ‚Fischers Fritze fischt frische Fische.' Aber wie oft kann er das im täglichen Leben brau-

Einladung zum Parallelschwung, 1968
Josef Klaus

chen?“ Zu seiner Überraschung erfuhr er am eigenen Leib, „wie viel Schnaps der Mensch vertragen kann“.
Über Freunde lernte Kreisky die schwedische Industriellentochter Vera Fürth kennen. „Und nach eineinhalb Jahren haben wir beschlossen, uns zu verloben und zu heiraten“, erzählte Kreisky. „An sich ist ja die Verlobung eine Sache, die das Heiraten überflüssig macht, aber man muss halt der Konvention Genüge tun.“ In Schweden kam auch Sohn Peter zur Welt. Kreisky: „Als ich ins Krankenhaus kam, hab ich ihn sofort erkannt. Er war mit Abstand das hässlichste Kind. Die Schwester, die merkte, dass sich meine Begeisterung in Grenzen hielt, sagte zu mir: ‚Sie werden sehen, der wird noch ganz lieb‘ …“
Trotzdem. Das Heimweh nagte an ihnen allen. Mit seinem Wiener Freund Hans Menzel, einem Metallarbeiter, ging Kreisky segeln. Der Himmel war blau, die schwedische Küste lag da in ihrer ganzen Pracht. „No, ist das net schön“, fragte Bruno. Und Menzel antwortete: „Schön is' scho', aber die schundigste Stauden in der Lobau is' mir liaber.“

Die Zeit im Exil in Schweden von 1938 bis 1945 prägte auch Bruno Kreiskys politisches Leben und Denken. „Immer wieder habe ich das Bedürfnis, diesem Land zu danken für alles, was es mir gegeben hat – nicht zuletzt an politischer Klugheit“, schreibt er in seinem Memoirenband „Zwischen den Zeiten“.
Während in Österreich der Marxismus noch eine wesentliche Rolle in der Sozialdemokratie spielte, war die schwedische Partei unter ihren Führern Hjalmar Branting, Per Albin Hansson und Tage Erlander einen unorthodoxen, pragmatischeren Weg gegangen, der ihr in einem agrarisch strukturierten Land die Mehrheit sicherte. Großprojekte, etwa im Wohnbau, trugen dazu bei. Ähnliches sollte später auch Kreisky gelingen. Auch den positiven Patriotismus schaute er sich von den Skandinaviern ab. „Ich nahm mir damals vor, eines Tages auch in Österreich einen solchen Patriotismus zu verwirklichen.“

Partei-Psychiatrie, 1968

Mühsame Heimkehr

Trübe Aussichten für einen jüdischen Remigranten

Gleich nach Kriegsende wollte die junge Familie zurück, tätig werden in Österreich. Doch das war leichter gesagt als getan. Der Parteivorsitzende Adolf Schärf bremste Kreiskys Tatendrang und schickte ihn noch eine Weile zurück nach Schweden. Man gab ihm den Titel eines Legationssekretärs 3. Klasse an der österreichischen Gesandtschaft in Stockholm. Auch der spätere Innenminister Oskar Helmer fürchtete erneuten Antisemitismus, wenn allzu viele jüdische Genossen gleichzeitig aus dem Exil zurückkehrten. Endlich, 1946, gelang es dann doch.

Der langjährige „Parteiphilosoph" Norbert Leser erzählt: „Nach seiner Rückkehr aus dem Exil wohnte Kreisky beim späteren Direktor der katholischen Druck- und Verlagsanstalt ‚Herold', Willy Lorenz, in einem möblierten Biedermeierzimmer als Untermieter. Zu einem Besucher sagte er damals: ‚Ich bin Jude und Emigrant, ich habe infolgedessen eine schmale Basis und kann in Österreich nicht besonders viel erreichen.' Nach anderer Lesart soll Kreisky am Beginn der Sechzigerjahre zu ‚Furche'-Chefredakteur Kurt Skalnik gesagt haben: ‚Zwei Positionen kann ich in Österreich nicht erreichen. Ich kann nicht Parteiobmann der SPÖ und ich kann nicht Bundeskanzler werden.' Später traf Kreisky den seinerzeitigen Gesprächspartner wieder und sagte: ‚Es ist doch etwas anders gekommen.' Nicht auszudenken, wenn der Neuankömmling das erste gut gemeinte Jobangebot des Vizebürgermeisters Speiser angenommen hätte: Er wäre als wohlbestallter Direktor des Wiener Schlachthauses in Pension gegangen."

Hundertwassers Protestvorschlag, 1968
Friedensreich Hundertwasser, Josef Klaus

1950 starb mit Karl Renner der erste Bundespräsident der Zweiten Republik. Bruno Kreisky wurde in die Hofburg berufen. Der neue Präsident Theodor Körner (Edler von Siegringen) war protokollarisch nicht sattelfest, was man von einem k. u. k. Generalstabsoberst auch nicht erwarten durfte. „Willst du zu mir kommen“, bat Körner, „das Unglück ist eingetreten.“ Der alte Herr wollte eigentlich nur Zählkandidat sein, also wurde Kreisky stellvertretender Kabinettsdirektor. Und quasi „Aufpasser“ von Adolf Schärfs Gnaden. Denn der korrekte Parteivorsitzende Schärf hatte an den Manieren des (offiziellen) Junggesellen in der Hofburg einiges auszusetzen. Wenn die Partei von Körner etwas wollte, fungierte Kreisky als Transformator. „Herr Bundespräsident, die Genossen drüben meinen, du solltest einen Hörapparat anschaffen“, meldete er sich einmal beim Chef. „Du verstehst nur noch die Hälfte!“ – Körners Antwort: „Die Hälfte genügt mir vollkommen!“

Halsstarrig war der alte Herr auch noch. Wenn er sich wider das Protokoll benommen hatte, schrieb ihm Schärf stets besorgte Briefe. Die Kritik war unübersehbar. Körner schrieb daraufhin – etwa 1951 – seiner heimlichen Geliebten „Trix“ nach Kitzbühel: „... Mit Schärf habe ich ein Hühnchen zu pflücken, wegen eines sehr unverschämten Briefes – seit welcher Zeit ich mit ihm (brieflich) nur amtlich verkehre.“ Was seinen Gehilfen „Krejsky“ (!) betreffe, so könne er ihn noch nicht so richtig einschätzen. Dieser hatte sich inzwischen mit dem Kabinettsdirektor herumzuschlagen, der ein geschworener Feind des Parlaments war. Wenn ein Empfang für die Mandatare auszurichten war, bekam Kreisky die Weisung, den miesesten Wein auszuschenken, „weil die Herren saufen wie die Tümpelkröten“.
Aus dieser Zeit rührte die Bekanntschaft Kreiskys mit Karl Blecha her, der dann in den Sechziger- und Siebzigerjahren zum unentbehrlichen Helfer, Ratgeber und Exekutor werden sollte. Nach einem Vortrag bei den sozialistischen Studenten

Prater-Architektur, 1970

stieß der junge Peter Jankowitsch seinen Freund Blecha an: „Du, der wird no' was!" Weil Blecha Soziologie studiert und dann in Deutschland das Handwerk der Demoskopie erlernt hatte, vertraute Kreisky in seinen Jahren als Parteichef später blind auf dessen massenpsychologischen Ratschläge und die Erhebungen, die Blechas „Institut für empirische Sozialforschung" (IFES) den Sozialisten treffsicher ablieferte.

Ein Heldenepos

Als Staatssekretär an der Wiege des Staatsvertrages

Mit Leopold Figl verband Kreisky eine über viele Jahre dauernde Partnerschaft in der Großen Koalition, die auch die sehr große Verschiedenheit zwischen den beiden irgendwie überdauerte. Als SPÖ-Staatssekretär begleitete Kreisky seinen ÖVP-Außenminister Figl auf mancher Reise, so auch zu der Konferenz der vier Siegerstaaten in Berlin 1954, bei der ein Versuch zur Lösung der österreichischen Frage scheitern sollte. Kreisky wollte die langen Tage in Berlin zu einem Gang in den damals noch nicht abgetrennten Osten der Stadt nutzen, um dort recht preiswert Bücher zu kaufen. Er lud Figl ein, mitzukommen: „I kauf mir dort a paar Büchln." – Figl: „I hab schon a Büchl." Und ließ seinen Staatssekretär allein ziehen.

Dann aber endlich das Jahr 1955. Vom 11. bis 15. April 1955 handelte Österreichs Regierungsdelegation (Raab, Schärf, Figl, Kreisky) in Moskau den legendären Staatsvertrag aus, der am 15. Mai 1955 in Wien unterzeichnet wurde. Militärische Bündnisfreiheit verlangten die Sowjets; dafür versprachen sie den Abzug ihrer Besatzungstruppen, die seit 1945 – mit den USA, Großbritannien und Frankreich – das Land beaufsichtigt hatten. Teure Ablöselieferungen (Erdöl, Donauschifffahrt) waren

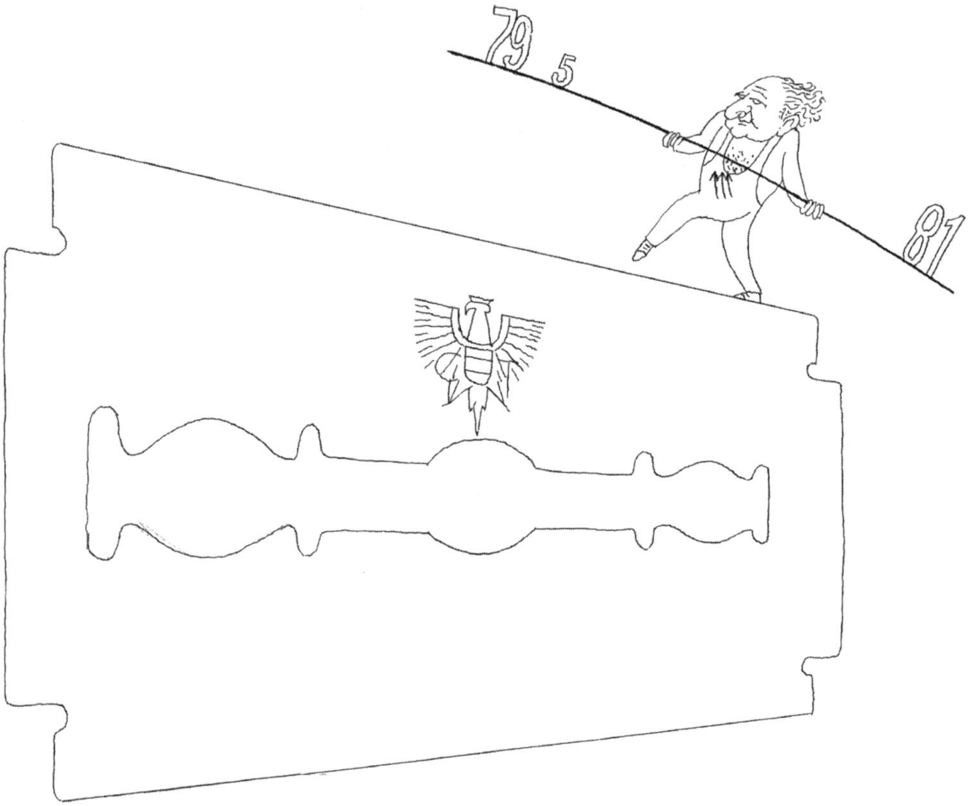

Die große Nummer, 1970

der Kaufpreis für die Freiheit. Kreisky war am Verhandlungstisch, ebenso der spätere Botschafter Ludwig Steiner als Sekretär von Bundeskanzler Raab. Ihre Darstellungen klaffen in einem Punkt allerdings ziemlich auseinander: Wer hat eigentlich bei diesen Gesprächen die „immerwährende Neutralität" des Landes erfunden? Dieses Angebot der Österreicher war ja der Durchbruch für den erfolgreichen Abschluss.

In Kreiskys Version war es – erraten! Bei einem Abendessen am 17. März 1955 in der Kreisky-Villa mit dem stellvertretenden sowjetischen Hochkommissar Kudriawzew habe er, der Gastgeber, ins Bücherregal gegriffen und einen Text aus dem Wiener Kongress 1815 hervorgefischt. Der damals ebenfalls anwesende schwedische Botschafter Sven Allard bestätigt diese Version in seinen Memoiren: „Mit lauter Stimme las Kreisky einen Auszug jenes Übereinkommens vor, das damals über die Neutralität der Schweiz getroffen worden war. Er wandte sich hierauf unmittelbar an Kudriawzew und fragte, ob die Sowjetunion Vertragsbestimmungen dieser Art – das heißt eine dauernde Neutralität nach Schweizer Vorbild – als eine hinreichende Garantie gegen den Anschluss Österreichs an Deutschland betrachten könne." Die Antwort des Sowjetvertreters sei positiv gewesen.

„Also, das stimmt überhaupt nicht", repliziert Ludwig Steiner. „Noch zwei Tage zuvor hatte die ‚Arbeiter-Zeitung' im Titel geschrieben: ‚Raab der Neutralität verdächtig'. Bitte, ich kann natürlich nicht beurteilen, ob die Neutralität tief in seinem Herzen geschlummert hat. Durchgedrungen ist er bei seinen Leuten damit jedenfalls nicht. Mag sein, dass er die schwedische Neutralität im Kopf gehabt hat." Es sei ganz anders zugegangen, meint Steiner, der bei den Verhandlungen zum Teil Protokoll geführt hat. Alles sei positiv verhandelt worden, nur die künftige Politik Österreichs war noch offen. „Am zweiten Tag haben wir es wieder versucht, aber Molotow verlangte was Greifbares. Daraufhin bat Raab um eine Unterbrechung. In der

Der Mini-Kanzler, 1970

Delegationssitzung sagte er dann: ‚So, jetzt sind wir am Ende, was ist das jetzt?' 20 Minuten ging dann die Diskussion. Die Sozialisten wollten das Wort Neutralität nicht im Vertrag, man sollte es nicht einmal aussprechen. Sie waren für ‚Bündnisfreiheit'. Daraufhin ist Raab aufgestanden, wir gingen wieder in die Verhandlung, und Raab sagte: ‚Also wir stellen uns eine Neutralität nach Schweizer Muster vor.' Molotow und Mikojan haben die Köpfe zusammengesteckt und dann gemeint, ja, das sei eine Basis." So habe Raab den Durchbruch geschafft, sagt sein treuer Sekretär.

*

Wer will es Kreisky verdenken, dass er seine Rolle bei den Moskauer Verhandlungen im günstigsten Licht beschrieb? Hermann Polz, langjähriger Chefredakteur der „Oberösterreichischen Nachrichten", begleitete den Kanzler über den Ring zu „Rieder's Weinkost" beim Rathaus. „Kreisky war sehr aufgeräumt. Er kam ins Erzählen. Über Raab, Figl, Schärf": An einem Abend seien sie mit Bulganin und Mikojan in der österreichischen Botschaft gesessen und hätten kräftig getrunken. Gegen elf Uhr sei Figl so voll gewesen, dass er ihm anvertraute, er werde unauffällig verschwinden und zu Bett gehen, da hier sowieso nichts mehr herausschaue. Um Mitternacht jedoch hätten Bulganin und Mikojan ihre Gläser gehoben und ihnen mit den Worten zugeprostet: „Also, wir geben euch den Staatsvertrag!" Am Morgen danach sei ihm Figl, geplagt von seinem Raucherhusten, am Gang begegnet und habe ihn krächzend gefragt: „Na, war eh nix mehr los gestern?" – „Nichts Besonderes, nur den Staatsvertrag haben wir gekriegt!" So Kreiskys Version über Moskau 1955.

Was tat's? Der Erfolg war wichtiger. Eine Nation saß gebannt vor dem Radioapparat, als Österreichs Delegation am 15. April 1955 wieder auf dem Flugplatz von Bad Vöslau landete und der vier-

Der Koalitionsmantel, 1970
Hermann Withalm

schrötige, respektgebietende Kanzler Raab – nach einem „Dank an den Herrgott“ – den Landsleuten jubelnd zurufen konnte, dass Österreich frei sein werde. Tags darauf stürzten wir uns auf die Zeitungen, um nachzulesen, dass das, was da „im Radio“ zu hören gewesen war, auch der Wirklichkeit entsprach.
Am 14. Mai 1955 errichtete die Sowjetunion ihr östliches Militärbündnis, den „Warschauer Pakt“, als Gegengewicht zu dem bereits bestehenden Nordatlantik-Pakt NATO. Übrigens weitgehend unbeachtet von den österreichischen Medien, die schon in Walzerseligkeit schwebten.
Am 15. Mai jubelte ein ganzes Land – und die Welt freute sich mit. Der äußerst kurze und gar nicht festliche Akt im Schloss Belvedere und die Unterschriften der fünf Außenminister machten Österreich – nach siebzehn Jahren Unfreiheit – wieder souverän. Als Letzter siegelte Leopold Figl das dicke Konvolut und unterzeichnete mit grüner Tinte. „Österreich ist frei!“ Dieser Jubelruf wurde von den Lautsprechern in den weiten Schlosspark übertragen.
Dort harrte eine vieltausendköpfige Menge. Es dürften etwa 20.000 Menschen gewesen sein, schätzte man. Sie winkten hinauf zum Schlossbalkon, wo sich die Außenminister und Österreichs Superstars zeigten, koalitionär vereint. Am glücklichsten wirkte Figl. Das war sein Tag. Selbst der sonst so finstere Sowjetmensch Molotow zwang sich zu einem Lächeln. Für den französischen Außenminister Pinay war es der „berührendste Augenblick meines Lebens“, wie er später als alter Mann dem österreichischen Botschafter Wolfgang Schallenberg einbekannte.

*

Schon am Vorabend gab's Festbeleuchtung in der Stadt und ein Galadiner für die Staatsgäste in Schönbrunn. Den Tag der Freiheit selbst beschloss ein „Te Deum“ im Stephansdom. Thomas Chorherr war als Berichterstatter für „Die Presse“ dabei

Der schlaue Fuchs, 1970
Ernst Fuchs, Herta Firnberg

und erinnert sich an die ergreifendste Szene: Kurz vor Beginn dieses Dankgottesdienstes wurde ein gebrechlicher alter Herr in die erste Sitzreihe geleitet: Wilhelm Miklas, der letzte österreichische Bundespräsident vor der Machtübernahme durch die Nazis 1938.

Sorgenkind Südtirol

Als Außenminister mit Bacher und Molden nach New York

Nach den Wahlen 1959 fiel das Außenministerium an die SPÖ. Das war die Chance für den bisherigen SP-Staatssekretär. Kreiskys Sorgenkinder waren die europäische Integration, andererseits die Spannungen in Südtirol. Die italienische faschistische Unterwanderung der deutschen Mehrheitsbevölkerung war auch nach 1945 nicht gestoppt worden. Im Gegenteil. Im Umland von Bozen wurden öffentliche Wohnhausanlagen errichtet und mit Arbeitern aus Süditalien besiedelt. Österreich protestierte als Schutzmacht der Altösterreicher. Die Südtiroler griffen zu anderen Mitteln der Gegenwehr. Strommasten wurden gesprengt, Verhaftungen folgten, Folterungen. Zwei Widerstandskämpfer starben bei diesen „Verhören" in den Polizeigefängnissen der Carabinieri. Die Leichenbegängnisse wurden zu politischen Demonstrationen der deutschen Mehrheit im Lande, die fürchtete, irgendwann zur Minderheit zu werden. Der „freie Westen" kümmerte sich um den Konfliktherd in keiner Weise. Das kleine neutrale Österreich gegen den großen NATO-Staat Italien – und das im Kalten Krieg zwischen den beiden ideologischen Blöcken! Nach diversen erfolglosen Sondierungsgesprächen zwischen Rom und Wien brachte Österreich schließlich den Streit 1960 vor die UN-Vollversammlung.

… *Auf den zweiten Blick, 1970*
Hermann Withalm

Als Kreisky zur UNO fuhr, um seine spektakuläre Südtirol-Rede zu halten, war „Presse"-Herausgeber Fritz Molden in der Delegation. Auch Gerd Bacher war mit von der Partie. „Im Herbst 1959 gab's eine Besprechung in Alpbach", erinnert sich Fritz Molden. „Beim Achenwirt, da waren der Luis Amplatz, der Georg Klotz, der Kerschbaumer, der Klier, der Pfaundler, der Bacher, also die ganze Gruppe beieinander. Auch der Landesrat Oberhammer, der Onkel vom späteren ORF-Chef. Die beiden Landeshauptleute waren informiert, traten aber nicht in Erscheinung. Sie haben Protokolle gekriegt von jeder Sitzung, aber offiziell waren natürlich das Land Tirol und das Land Südtirol uninformiert. Das wäre ja ein Wahnsinn gewesen. Aber g'wusst ham's alles. Am besten informiert war der Kreisky. Mit Eduard Wallnöfer war er schon damals befreundet."
Immer wieder, so Molden, habe Kreisky „weite Wanderungen mit seinen politischen Gedanken gemacht" und zu ihm gesagt: „Schaut's euch doch einmal Algerien an, Zypern, Israel. Ohne Kampf gibt's keine Freiheit!"
Warum sich der jüdische Außenminister für die deutschen Südtiroler eingesetzt habe? „Na, weil er ein österreichischer Patriot war. Der hat noch den Volkstumskampf gekannt, der kam aus Mähren. Der Renner, der Schärf, der Innitzer – das waren Sudetendeutsche, der Kreisky natürlich auch. Die Prager Juden haben ja alle Deutsch gesprochen. Außerdem war der Kreisky ein Politiker, wollte gern wiedergewählt werden."
1960 kamen die Südtirol-Aktivisten nach Wien – jubelnd, nachdem das Mussolini-Denkmal, der „Aluminium-Duce" zu Waidbruck, gesprengt worden war. „Sie haben mir ein Stück Aluminium zum Andenken überreicht", sagt Molden, „und von mir sind sie zum Kreisky gegangen. Der sagte ihnen: ‚Auf a paar Masten mehr oder weniger soll's mir net ankommen.' Ein berühmter Satz. Den hat er vor einem Dutzend Zeugen wiederholt, in Gegenwart von Wallnöfer, von Christian Broda, einem Sekretär Dr. Neider, meiner Frau und mir, in Alpbach. Da wett-

Die neue Regierung, 1970

eiferten der Wallnöfer und der Kreisky, wer mehr für die Südtiroler getan hat. Beide, der ‚Walli' und der Kreisky, waren überzeugt: Das war damals richtig. Beide waren natürlich traurig über jeden Toten. Aber noch höre ich Kreisky sagen: ‚Die Zyprioten haben auch Tote gehabt, und die Algerier.'"

*

1962 war der Außenminister schon ein guter Bekannter in Moskau. Der damalige Machthaber Nikita Chruschtschow scherzte beim Staatsbankett, das er für Bundeskanzler Alfons Gorbach und dessen Außenminister gab: „Merkwürdig: Herr Raab war hier, Herr Schärf war hier, Herr Kreisky war mit Herrn Raab mit, Herr Kreisky war mit Herrn Schärf mit; jetzt ist Herr Kreisky mit Herrn Gorbach hier. Es ändern sich die Kanzler, Herr Kreisky ist immer dabei."
1965 erlebte Kreisky in Bad Vöslau Berührendes. Es sollte – zehn Jahre nach dem Staatsvertrag – ein Brunnen zum Gedenken daran eingeweiht werden. Der frühere Außenminister Leopold Figl, danach Landeshauptmann von Niederösterreich, war von seiner Krankheit bereits schwer gezeichnet. Mit zitternder Stimme hielt er seine Rede. Danach kam Kreisky an die Reihe. „Bewegt vom Anblick dieses offensichtlich todkranken Mannes ließ ich meine Notizen in der Tasche und sprach stattdessen über Figl und seine Verdienste", schrieb Kreisky im zweiten Teil seiner Memoiren. „Es war in der Tat ein Nekrolog zu Lebzeiten. Ich habe oft bedauert, dass das, was es Gutes und Schönes über einen Menschen zu sagen gibt, meist erst dann gesagt wird, wenn er es selbst nicht mehr hören kann. Ich war daher sehr glücklich, es diesmal anders halten zu können."

Bemerkenswert auch seine Erinnerung an ein Gastmahl, das er im Außenministerium gab: Es vereinte Diplomaten aus Ungarn, der Tschechoslowakei, Rumänien und Polen. Als der Abend fort-

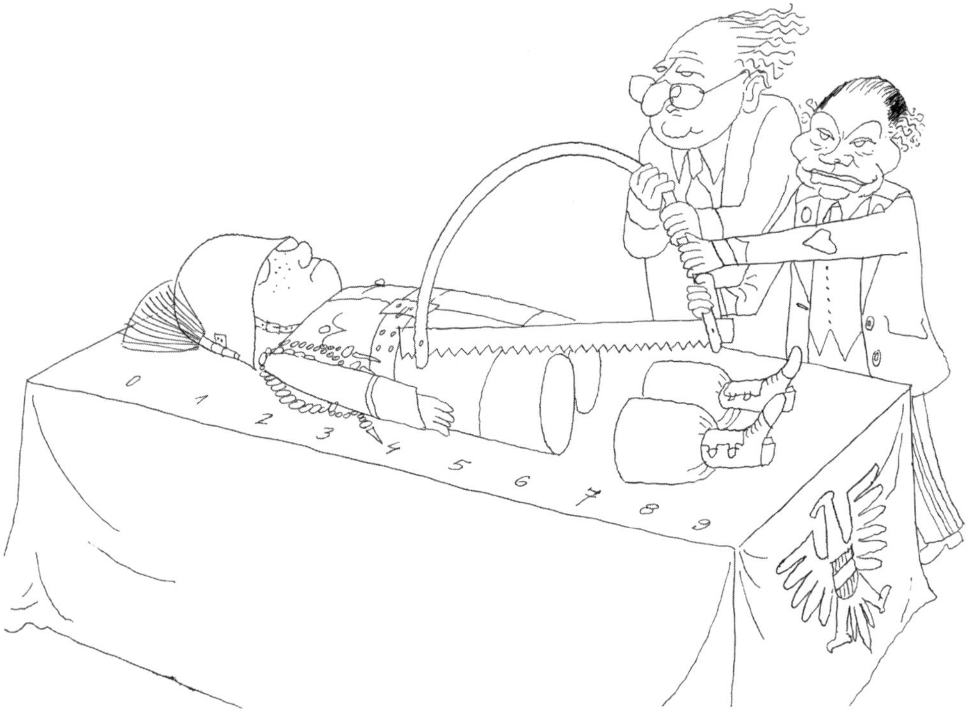

Der erste Erfolg, 1970
Hermann Withalm

geschritten war und die Runde feuchtfröhlich zu singen begann, stellte sich heraus, dass jeder von den Liedern seiner Heimat bestenfalls die erste Strophe kannte. „Das einzige Lied, von dem wir alle sämtliche Strophen wussten, war – die Kaiserhymne."
Wolfgang Wolte stand im diplomatischen Dienst und war bis 1961 „Zugeteilter" an der österreichischen Botschaft in Kanada. Bei Wien-Urlauben war es damals noch üblich, dem Außenminister Bericht zu erstatten. Wolte: „Ich war beeindruckt von Kreiskys Freude an Details. In seiner Person war das 20. Jahrhundert verkörpert." Wenig später teilte ihm Botschafter Matsch mit: „Der Kreisky will dich in sein Kabinett holen." Das verhinderte zwar letztlich ein „freundlicher" Kollege, dafür schickte ihn Kreisky aber später nach Schweden. „Jedes Gespräch mit ihm offenbarte einen faszinierenden Gleichklang der Ansichten", sagt der Botschafter im Unruhestand heute.

*

In diesen Jahren fuhr die Familie Kreisky gern an den Weißensee, wo auch der damalige ÖVP-Finanzminister Franz Korinek urlaubte. Natürlich ohne Dienstwagen. Also wartete er bei einer Autobushaltestelle, um nach Techendorf zum Friseur zu fahren. Kreisky kam mit seinem prächtigen britischen Rover vorbei und setzte den Kollegen beim Haarschneider in Techendorf ab. Mit einem Blick auf Korineks Glatze fügte er an: „Ich wart' im Kaffeehaus auf dich. Das kann ja net lang dauern."
In diesem Urlaub saß Familie Korinek (Sohn Karl sollte später Präsident des Verfassungsgerichtshofs werden) eines Tages beim Frühstück, als Kreisky in den Speisesaal kam. Er legte dem Finanzminister eine „Wiener Zeitung" auf den Tisch, die Seite 2 war schon aufgeschlagen. Er deutete auf den Titel des Artikels und sagte: „Das sind halt noch ordentliche Verhältnisse." Dann ging er schmunzelnd ab. Die Überschrift lautete: „Persien: Schah lässt Finanzminister wegen zu hohen Defizits verprügeln."

Schütze Bruno, 1970

Auch am Höhepunkt seines Einflusses war der „Alte" allen äußeren Insignien und Paraphernalien der Macht abhold. Sein Kabinettschef Peter Jankowitsch berichtet, welche Gräuel ihm Ehrengarden, durch Städte rasende offizielle Konvois und alle Arten von Leibgardisten waren. So meinte er in Paris als Außenminister nach einer besonders rüden Polizeieskorte: „Nach jedem dieser Konvois kriegen die Kommunisten wieder tausend Stimmen mehr …"
Der sowjetische Außenminister Andrej Gromyko war allgemein als sehr mürrischer und unzugänglicher Politiker bekannt und in der UNO als „Mister Njet" verschrien. Der österreichische Außenminister Kreisky jedoch hatte zu Gromyko ein ausgezeichnetes Verhältnis – die beiden verstanden sich sehr gut. Auf die Frage, wieso er zu Gromyko so gute Beziehungen habe, erzählte er folgende Geschichte: Kurz nachdem Kreisky 1959 zum Außenminister bestellt worden war, trat er eine Reise in die Sowjetunion als Signatarmacht des Österreichischen Staatsvertrages an. Er wollte dabei unbedingt auch seinen bereits seit Februar 1957 im Amt befindlichen Kollegen Außenminister Gromyko besuchen. Als man ihm sagte, dass Gromyko sich von einer Krankheit in einem Sanatorium außerhalb Moskaus erhole, bestand Kreisky trotz des Zeitaufwandes darauf, Gromyko im Sanatorium zu besuchen. Im Verlaufe des Gespräches sagte Gromyko zu Kreisky, er habe ein großes Anliegen an den österreichischen Außenminister. Die sowjetische Führung hatte nämlich den Altstalinisten Molotow, einen langjährigen und hochrangigen Mitarbeiter Stalins und Außenminister der Sowjetunion, nach der Entstalinisierung als Botschafter in die Mongolei versetzt. Molotow schreibe jetzt fast monatlich einen Beschwerdebrief an das Politbüro, dass er sich das nicht verdient habe, es ungerecht und es für ihn in Ulan-Bator nicht auszuhalten sei. Er habe dringend den Wunsch, wenigstens als Botschafter nach Europa versetzt zu werden oder eine hochrangige Botschaft in einem angeneh-

Daneben, daneben …, 1970

men Land zu übernehmen. Gromyko habe bereits in verschiedenen Ländern angefragt, ob man bereit sei, Molotow als Botschafter zu akzeptieren, habe aber überall Absagen erhalten, und so würde ihm Kreisky einen riesigen Gefallen tun, wenn er Molotow als Botschafter der Sowjetunion in Österreich akzeptieren könne.

Kreisky war sich der Probleme bewusst, die er sich einwirtschaften würde, wenn er Molotow als bilateralen Botschafter in Wien akzeptierte, aber er fand einen Ausweg: „Warum schicken Sie Molotow nicht als sowjetischen Botschafter in die Internationale Atomenergiebehörde nach Wien, das wird Ihnen niemand ablehnen. Molotow wird zufrieden sein; Ihr Politbüro wird auch zufrieden sein, und Österreich wird sich nicht einmischen, wer der sowjetische Botschafter bei der Atomenergiebehörde ist."

Gromyko war hocherfreut, einige Zeit später traf Molotow – ziemlich unauffällig – in Wien ein, und Gromyko hat Kreisky seinen Beitrag zur Lösung eines unangenehmen Problems nie vergessen.

*

Auf ein besonderes Lob von jemandem, der sonst damit sehr sparsam war, ist Kreisky stets stolz gewesen. Als sich die ÖVP-Koalitionspartner einmal scharf auf den Außenminister einschossen, ging Kreisky zu Bundespräsident Adolf Schärf. Ob es nicht gescheiter wäre, fragte der verunsicherte Kreisky, wenn er seinen Posten aufgeben und hinüber in die Redaktion der „Arbeiter-Zeitung" wechseln würde? Schärf sprang auf und rief: „Jetzt, wo Österreich seit Kaunitz zum ersten Mal wieder einen Außenminister hat? Nein, dazu gebe ich mich nicht her. Das will ich dir nicht raten, und der Partei will ich's nicht wünschen!"

Beim Weggehen dachte sich Kreisky im Stiegenhaus, dass das eigentlich das schönste Lob gewesen sei, „das mir je zuteil geworden ist, gespendet von einem Mann, dem Lob schwer über die Lippen kam".

Wer, wen, was in der Tasche?, 1970
Friedrich Peter

Machtverlust und Wiederkehr

Exaußenminister und Oppositionsführer im Parlament

Wirkliche Muße hatte Kreisky in seiner langen politischen Karriere eigentlich nur ein Jahr lang: zwischen 1966 und 1967. Am 21. April 1966 verließ er nach 13 Jahren als Staatssekretär und Minister den Ballhausplatz zu Fuß. Die Volkspartei hatte einen überragenden Sieg errungen, die nachfolgenden Koalitionsgespräche brachten nichts mehr. Die ÖVP regierte allein, die Sozialisten gingen in Opposition. Kreisky übernahm den Vorsitz der niederösterreichischen Landesorganisation, die er im Nationalrat vertrat. Sein Helfer hieß Karl Blecha. Hinter den Kulissen mischte er freilich außenpolitisch weiter kräftig mit. Er hielt sein Netzwerk in Schuss.

Sogar an einem diplomatischen Schmuggel beteiligte er sich: Die deutsche Bischofskonferenz wollte ihre Protokolle aus der Hitlerzeit zurück, die seinerzeit sicherheitshalber nach Schlesien ausgelagert worden waren. Schlesien war nun polnisch. Die polnischen Bischofskollegen aber zierten sich. So bat Kreisky seinen Freund, Botschafter Enderl, das verfilmte Konvolut ins Übersiedlungsgut zu packen, als dieser von Warschau wieder nach Wien heimkehrte. Die deutschen Bischöfe bedankten sich herzlich. Und Kreisky merkte schmunzelnd an, dass sie das ausgerechnet „einem österreichischen Agnostiker“ zu verdanken hätten.

*

Auch „seinen“ Karl Blecha verwendete Kreisky als Kurier. Die norwegische Königin schwärmte für Wachauer Marillen. Also erstand Blecha am Naschmarkt eine Obststeige und lieferte sie in Oslo ab. Jahrelang hänselten ihn die Freunde als „Marillen-Kurier“.

Heinz Conrads Kreisky, 1971

1968, also noch unter der Alleinregierung Klaus, brach ein heftiger Streit zwischen den beiden überragenden Intellektuellen Kreisky und Günther Nenning aus, der in eine wüste Beschimpfung Nennings durch Kreisky und eine Ehrenbeleidigungsklage Nennings gegen Kreisky mündete. Kreisky wollte den Streit ausfechten, der Nationalrat sollte ihn ausliefern. Die Vorstellung, dass sich die zwei Intellektuellen vor dem Bezirksgericht treffen würden, war ein Horror für die Fraktion sozialistischer Gewerkschafter. Die beauftragte Heinz Kienzl, Kreisky davon abzubringen.

Kienzl pilgerte also zum „Alten". Der verlangte: „Der Nenning muss sich einschuldigen! Aber das tut der nicht!" Kienzl: „Ich setze meinen Kopf dafür ein, dass er sich entschuldigen wird!" Darauf Kreisky: „Dann wirst du deinen Kopf verlieren!" Nenning war – wie zu erwarten – gerne bereit, sich zu entschuldigen, und zwar in einem Artikel, der in der „Zukunft" veröffentlicht werden sollte. Doch deren Chefredakteur Karl Cernetz lehnte kategorisch ab. Was nun? Kienzl ließ von einem Freund seine Porträtbüste aus Gips anfertigen und schickte sie an Kreisky mit einem Zettel: „Da hast du meinen Kopf!" Kreisky schickte das Präsent zurück mit der Empfehlung, die Büste in Nennings „Forum" aufzustellen. „Du siehst, der Nenning hat nachgegeben", brummte er vergnügt.

Norbert Leser vermutet, dass durch den Prozess vor dem Bezirksgericht der „Siegeszug des liberalen Dr. Kreisky gestoppt" worden wäre und die Vertreter der ÖVP, wenn sie geahnt hätten, welchen Schaden ihnen Kreisky noch zufügen würde, „der Auslieferung mit Freuden zugestimmt hätten".

Davor kam noch ein ehrenvolles Angebot an den Außenminister außer Dienst: Einige blockfreie Staaten unter der Führung Indiens überlegten, Kreisky zum neuen Generalsekretär der Vereinten Nationen zu machen. Österreichs Außenminister Lujo Tončić-Sorinj bat ihn zu sich und fragte, ob ihn die ÖVP-Regierung offiziell vorschlagen solle. Kreisky lehnte ab: Er sei ein zu

Aber jetzt!, 1971
Franz Jonas

selbständiger Kopf, das würde die internationale Staatengemeinschaft nicht goutieren. Außerdem wolle er mithelfen, der SPÖ den Wiederaufstieg nach dem Wahldebakel 1966 zu sichern.

*

Und so geschah es dann auch. 1967 setzten sich die Bundesländer-Sozialisten auf dem historischen Parteitag in der Wiener Stadthalle durch. Knisternde Spannung, zwei gegnerische Fraktionen: auf der einen Seite die Bundesländer mit ihrem Favoriten Kreisky, auf der anderen Seite die ÖGB-ler und Teile der mächtigen Wiener SPÖ. Der Wahlverlierer Bruno Pittermann musste als Vorsitzender abtreten, es kam Bruno Kreisky. Der musste sich gegen den Widerstand des mächtigen Karl Waldbrunner, gegen die vehemente Skepsis des ÖGB-Chefs Anton Benya durchsetzen. Die „Betonköpfe" hatten in ihrer Verzweiflung einen farblosen Gewerkschafter, Hans Czettel, aufgeboten – aber das war nur noch ein letztes Aufbäumen.

Viel später erst wurde bekannt, dass der junge Czettel als „Napola"-Schüler ein begeistertes Huldigungspoem auf den Führer Adolf Hitler gereimt hatte. Ohne es damals zu ahnen, entging die SPÖ mit Kreiskys Wahl einer späteren furchtbaren Blamage, die leicht Ausmaße wie die Waldheim-Kampagne hätte annehmen können.

Bis zu den Nationalratswahlen 1970 musste nun ein Modus Vivendi mit den Gewerkschaftern gefunden werden, denn die hatten auf Geheiß Benyas geschlossen gegen Kreisky gestimmt. Im Herbst 1969 veranstalteten die Metallarbeiter in Krumpendorf am Wörthersee eine Tagung, danach saßen sie noch beisammen: Adolf Czettel von der Arbeiterkammer (ein Bruder Hans Czettels), Franziska Fast von der Gewerkschaft, Kreisky, Benya. Der ÖGB-Chef sang Wienerlieder wie so oft, Frau Fast spielte Ziehharmonika, man trank kräftig. Kreisky nahm nichts zu sich. Als die Weinseligkeit am Höhepunkt angelangt war,

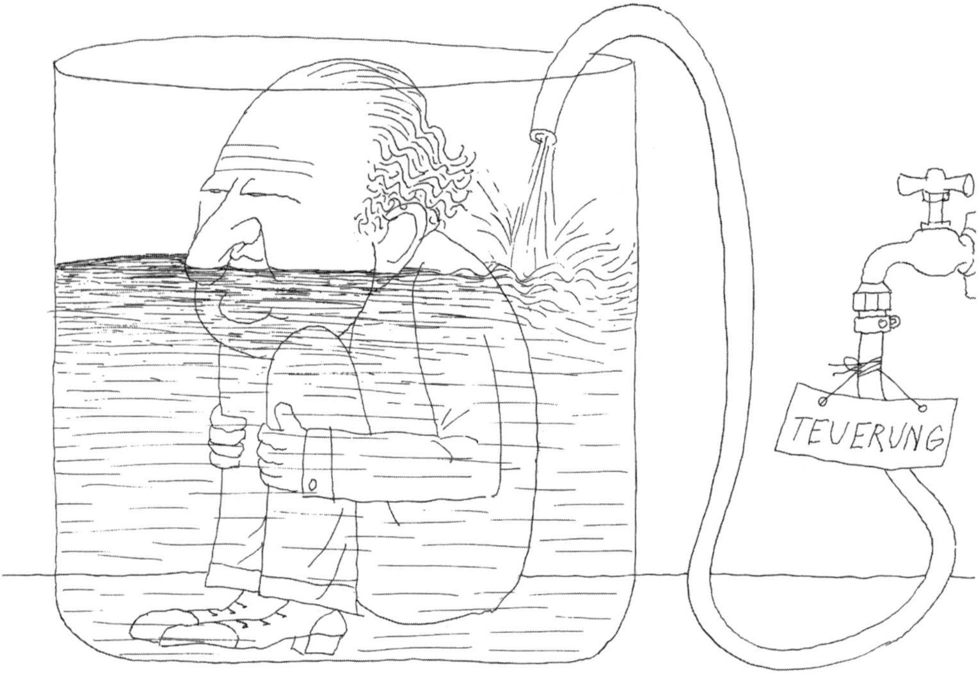

Und steigt – und steigt …, 1971

rief Czettel fröhlich Benya und Kreisky zu: „Jetzt gebt's euch a Bussl!" So geschah es auch. Die Versöhnung war gelungen. Wenigstens nach außen hin hielt diese Parteifreundschaft.

*

Engere Freunde der beiden mächtigen Männer wollen wissen, dass Kreisky vor Benya immer „Spundus" hatte. Das sei der Respekt eines Großbürgers vor dem manuellen Arbeiter gewesen, meinte Ernst Eugen Veselsky im Gespräch mit Wolfgang Petritsch und Margaretha Kopeinig.
Ein Personalopfer musste der neue Parteichef freilich bringen, das war Franz Kreuzer, Chefredakteur der „Arbeiter-Zeitung". Die Wiener Parteiorganisation zahlte jahrelang in die Kassa der maroden Zeitung, erwartete sich daher „Hofberichterstattung", wofür Kreuzer nicht zu haben war. Kreisky brauchte aber auf dem Parteitag die Stimmen des großen Wiener Delegiertenblocks. Und so versprach er, gleich nach dem Wahlsieg in der Stadthalle Kreuzer abzuberufen. Die Funktionäre durften sich einen genehmeren Chefredakteur aussuchen, der hieß Paul Blau und war recht harmlos. Das war's dann auch schon. Hans Besenböck, der als ehemaliger Redakteur der „Arbeiter-Zeitung" intime Einblicke in das Innenleben der Partei besitzt, meint: „Das beweist, dass Kreisky sehr wohl Leichen in Kauf genommen hat, wenn es um die Macht ging."

*

1966 gelang es Kreisky, den bisherigen Pittermann-Vertrauten Heinz Fischer auf seine Seite zu ziehen. Fischer war zu dieser Zeit immerhin Klubsekretär, sein Chef hieß weiterhin Pittermann. Bei einem Wochenend-Treffen in Kärnten legten sich die „jungen Wilden" Karl Blecha, Heinz Kienzl, Ernst Gehmacher und der früh verstorbene Herbert Tieber auf Kreisky fest. Am letzten Tag des Treffens stieß auch Heinz Fischer zu der Freundesrunde. Man habe wirklich nur übers Bergsteigen geredet, be-

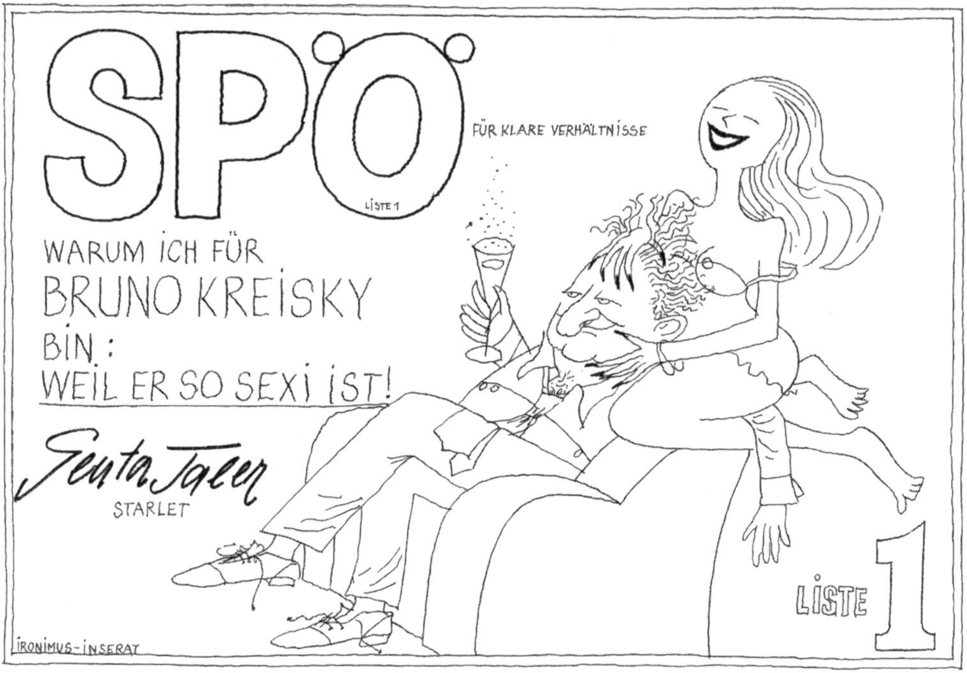

Senta-Werbung, 1971

teuert der heutige Bundespräsident. Jedenfalls gab ihm Kreisky wenig später ein Empfehlungsschreiben an Professor Henry Kissinger, der damals in Cambridge lehrte: „Einer der begabtesten jungen Akademiker der österreichischen Arbeiterbewegung“ sei Fischer. „Er ist außerdem ein angenehmer und kooperativer Mann.“ Und dann, vorausblickend: „... dass meiner festen Überzeugung nach Heinz Fischer im politischen Leben Österreichs sehr bald eine bemerkenswerte Rolle spielen wird“.

Auf das Privatleben seiner engsten Mitarbeiter hatte Kreiskys chaotische Zeiteinteilung zutiefst frustrierende Auswirkungen. Klubsekretär Fischer wollte seine Verlobte Margit Binder ins Kino ausführen. Da ereilte ihn ein Anruf: Der neue Parteichef befinde sich zur Durchuntersuchung im Spital, am Nachmittag wolle er mit Fischer einige Parlamentsdinge besprechen. Fischer schwante noch kein Unheil. „Aber Kreisky redete und redete, kam von einem Thema zum nächsten und es verging eine Stunde nach der anderen. Schließlich begann ich verstohlen auf die Uhr zu blicken, was Kreisky souverän übersah. Dann entschuldigte ich mich einen Augenblick, um von einem Telefonautomaten im Spital den gemeinsamen Kinobesuch abzusagen. Kreisky schien unermüdlich und entließ mich erst ziemlich spät.“ Das Rendezvous war geplatzt. Einige Tage später erzählt Kreisky dem geknickten Klubsekretär ganz fröhlich, dass ihm gar nichts fehle – sein Befund war irrtümlich vertauscht worden.

*

Erich Streissler urteilt über Kreisky: „Er war zu faszinierenden Einsichten in geschichtliche Vorgänge fähig, sein Verständnis wirtschaftlicher Prozesse war schon zu Lebzeiten nicht sehr zeitgemäß.“

So war auch das Zustandekommen eines Wirtschaftsprogramms der SPÖ skurril. Beauftragt war Ernst Eugen Veselsky mit der Koordinierung von ungezählten Experten (1400 waren es nie). 1968 war die Arbeit vollendet und Kreisky wollte sie diskutie-

Einer wird gewinnen, 1971
Karl Schleinzer

ren. Im Palais Strudlhof. Vor komplett besetztem Auditorium begann Kreisky zu sprechen, „voll daneben", wie sich Veselsky mit Schaudern erinnert. Und voll inhaltlicher Widersprüche. Nach fast einer Stunde setzte er sich erschöpft nieder mit den Worten: „Ich danke euch für diese wirklich interessante und fruchtbare Diskussion. Jetzt haben wir uns einen Kaffee verdient."

Als der SP-Oppositionschef seine angeblich „1400 Experten" zur Erneuerung Österreichs mit Trommelwirbel ankündigte, war der Ärger in der ÖVP über eigene Versäumnisse groß. Dort lief nämlich längst die „Aktion 20" als Signal für eine neue Zusammenarbeit von Politik und Wissenschaft. Universitätsrektor Günther Winkler versammelte einen „Think-Tank", dem Kapazitäten wie etwa der Verfassungsrechtler Karl Korinek, der Mediziner Karl Fellinger und der Diplomat Franz Karasek angehörten. Obwohl bei einem Parteitag vorgestellt, versiegten die Aktivitäten nach und nach, sagt Winkler. Man hatte es wieder einmal nicht verstanden, gute Ideen zu managen, vor allem sie an die Medien und die Öffentlichkeit zu verkaufen, meint der frühere Mock-Pressemann Herbert Vytiska. Der Vorwurf eines schwarzen Parteidenkers, Kreisky sei ja bloß ein Fremdfutter-Verwerter, ging damals völlig ins Leere.

*

Im Wahlkampf 1970 war Peter Jankowitsch Büroleiter des SPÖ-Vorsitzenden und auch ständiger Begleiter auf Wahlreisen. Im Februar fiel er mit Grippe aus, Kreisky bat Heinz Fischer, ihn zu begleiten – „Bruno Pittermann hat nichts dagegen." Der war als Klubchef Fischers direkter Chef. Also ging der Klubsekretär eine Woche lang mit Kreisky auf Wahlreise zwischen Jennersdorf und Bregenz. „In langen Monologen schilderte mir Kreisky seine Einschätzung der Rolle Österreichs in der internationalen Politik, aber auch der politischen Entwicklung in Österreich. Seine Hoffnung und zugleich Erwartung war damals, dass die

Klick-klack …, 1971

ÖVP die knappe absolute Mehrheit, die sie seit 1966 hatte, verlieren, aber stärkste Partei bleiben werde. Für die SPÖ erhoffte er sich lediglich Stimmen- und Mandatsgewinne, sodass eine Koalition zwischen ÖVP und SPÖ das logische Resultat der Wahlen vom 1. März 1970 sein würde", erzählt der heutige Bundespräsident.

„In dieser Regierung werde ich voraussichtlich das Amt des Vizekanzlers übernehmen und die Regierung wird bis 1974 im Amt sein. Dann haben wir die Chance stärkste Partei zu werden, aber dann werde ich schon im 64. Lebensjahr sein und dann müsst ihr – die Jüngeren – die Verantwortung übernehmen. Es könnte ein neues Kapitel in der österreichischen Politik beginnen."

So schätzte Bruno Kreisky wenige Tage vor der Nationalratswahl vom 1. März 1970 die weitere Entwicklung ein. An diese (falsche) Prognose erinnert sich Heinz Fischer noch genau „mit großer Bewunderung und Zuneigung".

*

Kreisky ließ in der letzten Woche vor dem Wahltag die Stimmung mit dem Slogan „Sechs Monate sind genug!" kippen. Gemeint war die Präsenzdienstzeit, und neben betroffenen Jungwählern entschieden sich sogar „bürgerliche" Eltern mit heranwachsenden Söhnen für die SPÖ. Herbert A. Kraus, der Gründer des FPÖ-Vorläufers „Verband der Unabhängigen", schrieb daher in seinen politischen Erinnerungen von der „erfolgreichsten Wahlparole der österreichischen Geschichte". Wirklich auf sechs Monate verkürzt wurde der Wehrdienst übrigens erst 30 Jahre später – von der ÖVP-Regierung Schüssel.

25 Jahre lang hatte das bürgerliche Österreich (weitgehend noch agrarisch und kleingewerblich geprägt) die Nase stets um eine Spur weiter vorn gehabt. Zwei Mal gelang es der SPÖ sogar, hauchdünn die absolute Stimmenmehrheit zu erringen, doch

Neuwahlen, 1971

die Wahlarithmetik trug selbst dann der Volkspartei im Nationalrat einen Mandatsvorsprung ein. So blieb der SPÖ nur der Ausweg, im ökonomischen Bereich mehr Macht zu erlangen. Die verstaatlichte Grundstoffindustrie, das Verkehrs- und Energiewesen standen so gut wie ausschließlich unter sozialistischer Kontrolle. Die Ressorts des mächtigen Ministers Karl Waldbrunner nannten die Gegner das „Königreich Waldbrunner".

Der tabuisierte Proporz ermöglichte es der SPÖ, gewisse Bereiche in der Gesellschaft als ureigensten „Claim" abzustecken: Sozialpolitik, Gewerkschaftspolitik, Grundstoffindustrie, Bahn, Post, Polizei. Seit der deutlichen Abgrenzung von den Kommunisten Ende der Fünfzigerjahre verkam die KPÖ zur marginalisierten Sekte – eine linke Mehrheit war in Österreich nicht in Sicht.

Die SPÖ öffnete sich neuen Wählerschichten, die lediglich bereit sein mussten, „ein Stück des Weges" mit Kreisky zu gehen: Katholiken, Antikommunisten, Kunstschaffende, Bauern, Gewerbetreibende, Liberale, denen die FPÖ zu ewiggestrig schien, Ewiggestrige, denen die FPÖ zu liberal war, Antisemiten, denen Kreiskys proarabische Haltung gefiel, Philosemiten, denen der jüdische Großbürgersohn imponierte. Mit dieser buntscheckigen Anhängerschar gelang der SPÖ 1970 der Durchbruch zur stimmenstärksten Partei.

Die Meinungsforschungsinstitute waren noch Tage vor dem Urnengang „mit wissenschaftlicher Genauigkeit" völlig uneins. Das VP-nahe Fessel-Institut sagte eine relative, vielleicht sogar wieder eine absolute Mehrheit der ÖVP voraus. Kreisky war verunsichert. „Wenige Tage vor der Wahl sind wir beisammengesessen", erzählt Blecha: „Der Kreisky, Wahlkampfleiter Heinz Brantl und ich. Wir beruhigten Kreisky: ‚Wir liegen ganz knapp vorn, aber die Schwankungsbreite ist so groß, dass auch das Gegenteil eintreten könnte.' Kreisky sagte uns zum Abschied: ‚Wenn sich das umdreht, sind wir gescheitert.'"

Schleinzers Traum, 1972
Karl Schleinzer

Nächtens in der Löwelstrasse

Der historische Wahlsieg 1970 über die Volkspartei

Am Abend des 1. März 1970 kannte der Jubel in der SPÖ keine Grenzen. Erstmals in der Geschichte der Zweiten Republik hatten die Sozialisten bei Nationalratswahlen die Volkspartei an Stimmen und Mandaten überflügelt. 48,39 Prozent votierten für die bisherige Oppositionspartei unter Führung von Bruno Kreisky, das bedeutete 81 Sitze im Hohen Haus. Die regierende Volkspartei unter Josef Klaus sank auf 44,7 Prozent – nur noch 79 Mandate.

Gebannt starrte das Funktionärsvolk auf Kreisky, was der aus der verzwickten Lage machen würde. Denn da war auch noch die FPÖ mit ihren mageren fünf Parlamentssitzen. ÖVP-Chef Josef Klaus hätte es also in der Hand gehabt, weiterzuregieren – mit Friedrich Peters FPÖ als Partner. Doch Klaus erklärte noch in der Wahlnacht, dass eine „Koalition der Verlierer" nicht infrage komme. Und dass er sich gänzlich aus der Politik zurückziehe.

Ein unverhoffter Glücksfall für Kreisky (damals 59), der im Parteibüro seine engsten Mitarbeiter um sich scharte: Heinz Brantl, Leopold Gratz, Hannes Androsch, Heinz Fischer, Josef Staribacher und Karl Blecha. Um 23.30 Uhr ließ er seinen Sekretär Peter Jankowitsch beim verblüfften FPÖ-Chef Friedrich Peter anrufen: „Sind Sie noch heute zu einem persönlichen Gespräch mit Doktor Kreisky bereit?"

Natürlich war Peter bereit. Kurz nach ein Uhr morgens eilte er in die SPÖ-Zentrale, dort empfing ihn der Wahlsieger – in Filzpatschen. Die Herren froren, die Heizung war schon abgedreht. Über eine Wahlrechtsreform monologisierte Kreisky,

Der Bart muss weg!, 1972
Karl Marx

über das Unrecht der Wahlarithmetik gegenüber Kleinparteien. Eine alte Klage der FPÖ. Ja, er werde der FPÖ diese Wahlreform geben. Peter: „Das glaube ich nicht." Darauf Kreisky: „Sie können glauben, was Sie wollen." Über eine eventuelle Minderheitsregierung Kreiskys wurde noch nicht spekuliert. Der Wahlsieger blieb vage. Im Grunde war er immer noch ein Großkoalitionär. Aber Peter verließ gestärkt die Löwelstraße. Er würde nicht, wie er vorhatte, am Vormittag seinen Rücktritt anbieten.

*

Bundespräsident Jonas beauftragte den Wahlsieger, eine Koalition mit der ÖVP auszuhandeln. Der Gegenspieler hieß Hermann Withalm, ÖVP-Klubobmann und Generalsekretär. Bereits am 5. März 1970 traf man einander erstmals, 36 Tage dauerten die Gespräche. Dem Verhandlungsführer Withalm unterlief ein folgenschwerer taktischer Fehler. Er glaubte, dass Kreisky ja einen Konsens mit der ÖVP finden musste, eine andere Variante würde sich ihm nicht eröffnen. Hatte nicht die FPÖ in ihrem Wahlkampf gelobt: „Kein roter Kanzler"? Die Plakate hingen noch.

Withalm verschätzte sich. In den Verhandlungen sei eine „durchaus akzeptable Ressortverteilung" zustande gebracht worden, erinnert sich der damalige Sektionsleiter Herbert Neumayer: sieben Sitze für die SPÖ, sechs für die ÖVP. „Aber die Macht und das Budget sollten im Verhältnis 80:20 geteilt werden." Withalm brach die Gespräche ab, Kreisky setzte auf eine SP-Minderheitsregierung mit parlamentarischer Duldung durch die FPÖ. Für einige Zeit wenigstens. Ein Wagnis, das es seit 1945 noch nie gegeben hatte. Würde der Bundespräsident mitspielen?

„So sicher war das keineswegs", sagt heute Hannes Androsch, der damals zum innersten Zirkel zählte: „Vor dem Jonas haben sie alle einen Heidenrespekt gehabt."

Liebeswerben, 1972

Trotzdem: Jonas gab Kreisky seinen Segen, nachdem der SPÖ-Chef versichert hatte, dass es keine Dauerlösung werden würde. In einem Jahr wollte er Neuwahlen und stabile Verhältnisse anstreben. „Es war Karl Waldbrunner, der dafür Stimmung machte", enthüllt Androsch. Waldbrunner, „der für Kreisky wahrlich keine Sympathien hegte", sei ein Stratege gewesen, der die Chance für die Partei erkannte. Auf der Schiene zu Anton Benya stellte er die Weichen in der recht skeptischen SPÖ.

Kreisky, der so gekonnt Pokernde, hatte plötzlich Personalnöte. Er stand ohne fertige Ministerliste da. Nie hatte die SPÖ damit gerechnet, etwa einen Landwirtschaftsminister stellen zu müssen. Auch das Finanzministerium war noch nie in ihrer Hand. Immerhin das Schlüsselressort.

In seiner Not wollte Kreisky auf altbewährte Freunde zurückgreifen. Doch der Steirer Alfred Schachner-Blazizek (57) lehnte ab. Auch Jugendfreund Felix Slavik (57). Der Wiener Finanzstadtrat wollte lieber Bürgermeister werden. Kreisky sondierte bei Gewerkschafter Rudolf Häuser, dann bei Länderbank-Chef Franz Ockermüller. Beide empfahlen Hannes Androsch. So gelangte der 32-jährige Abgeordnete aus Floridsdorf, Wirtschaftsprüfer und Steuerberater, ans Steuerpult der SPÖ-Minderheitsregierung. Er hatte auf Kreiskys Frage, ob er sich das Amt zutraue, spontan bejaht: „Wenn mein Alter kein Hindernis ist." War es nicht. Später sollte es eines werden.

*

Personalnot zeigte sich auch fürs Verteidigungsressort. Die SPÖ verfügte in den höheren Offiziersrängen kaum über repräsentable Ministerkandidaten. Also wählte Kreisky auf Empfehlung von Insidern den tüchtigen Brigadier Johann Freihsler. Dem mutete er eine drastische Schrumpfung des Heeres und die Verwirklichung seines Wahlschlagers zu: „Sechs Monate (Wehrdienst) sind genug!" Das konnte nur schiefge-

Die Notbremsung, 1972

hen. Nach wenigen Wochen war Freihsler ein gesundheitliches Wrack. Er wurde zwischen zwei Loyalitäten zerrieben. Er wäre gewiss am liebsten beiden treu geblieben – der Sozialdemokratischen Partei und seinem Bundeskanzler einerseits, dem Heer und seinen Kameraden andererseits. Freihsler trat zurück, Kreisky übernahm für zwei Monate selbst das Ressort. Einem Parteifreund vertraute er an: „Das ist ja noch ärger, als ich befürchtet hab." Schließlich musste der Brigadier und ehrgeizige Karl (Freiherr von) Lütgendorf als Minister her. Warum er den schneidigen Adeligen wählte? Kreisky meinte in Anspielung auf den unglücklichen General Freihsler: „Ich mag keine dicken Generäle."

Auch fürs Agrar-Ressort musste rasch eine geeignete Person gefunden werden. Kreisky versuchte es mit einem Trick, der für die ÖVP schmerzlich hätte werden können: Dem niederösterreichischen Bauernbündler Karl Fachleutner wurde signalisiert, dass er durchaus als unabhängiger Agrar-Fachminister in der Regierung Kreisky vorstellbar wäre.

Als die Geschichte dann auch noch in der „Kronen Zeitung" geschrieben stand, machte der Betroffene einen recht stolzen Eindruck. In der ÖVP wurde allerdings Fachleutner sehr rasch beschieden, dass für solche Eskapaden kein Verständnis bestand.

*

Am einfachsten, so die zweite Überlegung, würde man in Kärnten fündig werden. Ein Anruf bei Landeshauptmann Hans Sima: Der schlug den damaligen Kammerfunktionär Johann Öllinger vor, der die Landwirtschaftsbetriebe der Stadt Klagenfurt managte. Die meisten Anwärter auf Ministerposten baten um eine kurze Bedenkzeit, so etwa auch Rudolf Kirchschläger. Anders Johann Öllinger: Kreiskys Anerbieten beantwortete er wie aus der Pistole geschossen mit einem schneidigen „Jawohl, Herr Bundeskanzler!"

Arrivederci Roma, 1972

Dass Kreisky damit eine katastrophale Wahl getroffen hatte, sollte sich leider erst nach einigen Wochen herausstellen. Der Mann war nicht nur NSDAP-Mitglied gewesen, das waren andere auch, er hatte auch der SS angehört. Nach wenigen Wochen trat er „krankheitshalber“ zurück.
Peter Marboe aus dem Kabinett von VP-Kanzler Josef Klaus erinnert sich an die formvollendete Amtsübergabe im Kanzleramt am 21. April 1970. „Die Reife einer Demokratie kann man daran messen, wie Macht übergeben wird“, hat schon Karl Popper gesagt. Zwar brachen die Mitarbeiter des Büros von Kanzler Klaus in Tränen aus, „dann aber konnte man plötzlich auch Tränen der Rührung in der Umgebung von Dr. Kreisky sehen. Und der neue Regierungschef zollte dem abtretenden Respekt: ‚Herr Bundeskanzler, ich schätze die Art und Weise dieser Amtsübergabe sehr.‘“ Im Jahr 2000 – wir erinnern uns – vollzog sich die Übergabe der Macht von der SPÖ an die Volkspartei in gewissen Ministerien viel unfreundlicher.

*

Keiner hätte damals auf eine längere Amtszeit gewettet. Peter Radel erinnert sich, wie der neue Bundeskanzler im Parlament an ihm „vorbeigerauscht“ war: mit einem ganzen Tross von Sekretären und Mitarbeitern, gekleidet in einen frühlingsmäßig hellen Maßanzug, die blond getönten Haare „frisch onduliert“, dazu auffallend hellbraune Maßschuhe. Radel: „Wir waren als ehemalige Klaus-Sekretäre immer nur grau oder schwarz gewandet. Na, das dauert mit dem Kreisky nicht lang, dachte ich mir.“ Dachte er sich. Der SPÖ-Chef selbst betrachtete die Sache mit einem gewissen Augenzwinkern und bemühte die österreichische Geschichte, was die Dauerhaftigkeit seiner Minderheitsregierung betraf: „Das erinnert mich an die Habsburger. Da hat man auch g'sagt, na, des wird net lang dauern – und schon nach 640 Jahren war's vorbei.“

Standortbestimmung, 1972

Die Mühen der Ebene

Ein Faible für Diplomaten und Adelige im Mitarbeiterstab

Das erste Kreisky-Kabinett war vor allem aus Persönlichkeiten gebildet, die Regierungsämter vorher noch nie bekleidet hatten. Nur der neue Bundeskanzler und Justizminister Christian Broda waren schon zuvor einmal Regierungsmitglied gewesen, Innenminister Otto Rösch hatte zumindest als Staatssekretär Verwaltungserfahrung. Kreisky versammelte daher bald nach der Angelobung alle um sich, um Verhaltensregeln auch für das tägliche Leben zu vermitteln. Dazu gehörte das strenge Verbot, selbst Auto zu fahren oder Rechnungen in einem Restaurant gleich selbst aus der Geldbörse zu begleichen. Eine solche Rechnung lasse sich ein Minister schicken.

Auch auf die standesgemäße Garderobe legte Kreisky Wert. Während sich die Mehrzahl der neuen Minister rasch damit abfand, weigerte sich sein neuer Handelsminister, der Gewerkschafter und AK-Funktionär Josef Staribacher, standhaft, Smoking oder gar Frack zu erwerben: Er werde so etwas nie anziehen. Staribacher, der auch nie einen Tropfen Alkohol anrührte, erhielt daher eine Art Sondererlaubnis, Anlässe „solcher Art" auch im Straßenanzug zu besuchen. Als kleine Konzession an das Dunkel seiner Kollegen bequemte er sich zumindest im dunkelblauen Anzug, dem „Zwetschgernen", wie er ihn nannte, zu erscheinen.
Zeit seines Lebens blieb Staribacher ein ruhender Pol in der flüchtigen Welt der Quereinsteiger und -aussteiger. Der „Happy Pepi" war aber auch entwaffnend ehrlich, berichtet Gerhard

Einsamer Trommler, 1972

Vogl. Als ihn ein Journalist fragte, ob ein gewisser Posten in seinem Ressort schon ausgeschrieben sei, kam die Antwort mit Ewigkeitswert: „Nein, sicher nicht. Wir wissen ja noch gar nicht, wer es wird."
Eigentlich hätte Staribacher als führender Lebensmittelarbeiter-Gewerkschafter Landwirtschaftsminister werden sollen. Erst im letzten Moment gab man ihm das Handels- und Tourismusressort. Bei jeder Tourismusveranstaltung reichte man dem Minister ein Stamperl Schnaps, doch der war mit seinem Sekretär Paul Vecsei ein eingespieltes Team. Die Gläser wurden blitzschnell gewechselt – und Vecsei konsumierte jedes Mal das doppelte Quantum.

*

Für Flugreisen, verfügte der Kanzler, durften die Minister nicht mehr die erste Klasse benutzen. Eine neue Bescheidenheit sei der Regierung Zier, spotteten die Zeitungen. Also mussten die Regierungsmitglieder inmitten „gewöhnlicher" Passagiere reisen, auch wenn sie dann oft von den sie empfangenden Protokollbeamten in den Gaststaaten nicht gleich gefunden wurden, weil diese vor dem Ausstieg der ersten Klasse Aufstellung genommen hatten.
Auf die Spitzenbeamten hatte Kreisky allerdings vergessen. Und so entstieg auf einem skandinavischen Flughafen ein Sektionschef des Handelsministeriums der ersten Klasse, während sich sein Minister in der Menge der anderen Fluggäste verlor.
Ein andermal verfügte Kreisky, zur Regierungsklausur in Dürnstein müssten alle benzinsparend mit einem Sonderzug anreisen. Von der Heimfahrt war nicht die Rede. Also bewegte sich anderntags eine Kolonne von 18 Dienstlimousinen zum Tagungsort, um die hohen Herrschaften wieder nach Wien zu bringen. Dem (Umwelt-)Schaden folgte der Spott der Medien auf dem Fuße.

*

Verkaufsgenie, 1972

Die Mode für den eleganten Herren gab der „Alte" jahrelang vor. So schafften sich die Journalisten nach der Reihe dicke zweireihige Flanellanzüge in Dunkelgrau an. Der „Chef" sah das nicht ungern. Im überhitzten Kanzleramt transpirierte der Kanzler zwar in gewohnter Weise und wischte sich mit seinem übergroßen weißen Taschentuch das Gesicht – aber die umstehenden Journalisten starben fast vor Hitze. Einmal unterbrach Kreisky ein TV-Interview mit Horst Friedrich Mayer: „'Tschuldigen Sie, Herr Redakteur, aber schwitzen Sie net fürchterlich?"

Seinen Kleidungsstil hielt er eisern durch. Zur Enthüllung eines Denkmals an einem heißen Julitag waren niederösterreichische Honoratioren im Trachtenanzug erschienen, die Herren aus dem Kanzleramt und Außenministerium vorwiegend im Diplomatenlook, vielfach im Nadelstreif. Meinte ein bäuerlicher Mandatar halblaut zu seinem Nachbarn: „Eigentlich hätt' der Kreisky heut' a an Trachtenanzug tragen können!" Kreisky stand in der Nähe, hörte das und antwortete amüsiert: „Sie haben recht, Herr Ökonomierat, aber da erzähl' ich Ihnen was aus meiner Zeit als Figls Staatssekretär. Als ich eines Tages mit einem Trachtenanzug ins Büro kam und mich Figl erblickte, sagte der: ‚Herr Staatssekretär, bleiben'S beim Nadelstreif, der passt Ihnen besser.' Und so bin ich dabei geblieben."

Gute, solide Kleidung – darauf legte Kreisky stets großen Wert. Anzüge sonder Zahl ließ er am Graben in Wien bei Knize fertigen (daher auch seine besondere Wut auf Androsch, als dieser ebenfalls bei Knize kaufte, und zwar mehr als der „Alte"), Hemden beim „Jockey" am Albertinaplatz. Und die Schuhe? Die fertigte Nágy in der Dorotheergasse. Ob mit Rabatt oder ohne, das wissen wir nicht.

Eines Tages erschien der Schuhmachermeister zu einer Audienz der besonderen Art: „Herr Bundeskanzler, i hab zu wenig Kundschaft, i geh in Pension." Kreisky, zutiefst verstört, aber clever: „Geben S' mir a paar Visitkarten, ich überleg' mir was." Am nächsten Morgen musterte der Chef die Gehwerkzeuge seines

Verheddert, 1973

Pressemannes „Jo" Kunz: „Mit solchen Schlapfen geht man nicht im Bundeskanzleramt. Zufällig hab ich da grad eine Visitkarten gefunden …" Kunz wusste, was zu tun war. Und binnen kurzer Zeit bewegten sich sämtliche jungen Mitarbeiter Kreiskys (und wir alle) in Maßschuhen mit klappernden Eiserln. Von – Nágy.

*

Aber auch der Kanzler selbst musste sich umstellen. Sein langjähriger Kabinettschef Peter Jankowitsch erinnert sich an die vielen wohlgemeinten Versuche des legendären Chefs der Staatspolizei, Oswald Peterlunger, für den Kanzler alle möglichen Schutzmaßnahmen zu treffen und ihn auf Schritt und Tritt von Kriminalbeamten begleiten zu lassen. Diese Funktion hatten meist seine treuen, lang gedienten Chauffeure wie der scharfzüngige Fahrer Blauensteiner oder der früher bei der Wiener Feuerwehr gediente Peter Rubay. Sie waren auch seine Vertrauten und konnten sich so manches kritische Wort leisten. Erst nach dem OPEC-Terrorüberfall 1975 wurde polizeilicher Begleitschutz obligatorisch.

Der „Fall Öllinger" lag der Partei schwer im Magen. Drei „normale" Nazis und ein SS-Mann im Kabinett – das hätte Kreisky nicht passieren dürfen. Weil aber das Nicht-Parteimitglied Simon Wiesenthal die Unterlagen für den Skandal beschafft hatte, reagierte die SPÖ mit einem Beißreflex. Nicht das eigene Versäumnis wurde beklagt, sondern der Überbringer der schlechten Nachricht ward beschimpft.

Am 12. Juni 1970 begann der Parteitag in der Wiener Stadthalle, der eigentlich zum Jubelfest nach dem Wahlsieg hätte werden sollen. Doch Wiesenthal setzte seine Sprenggranate sehr gezielt ein. Sie detonierte genau zum Parteitag. Dementsprechend erbittert war die Stimmung mancher Delegierter. „Ich warte ja nur auf den Tag", rief Leopold Gratz höhnisch von der Rednertribüne, „an dem man versuchen wird, nachzuweisen, dass unser Parteivorsitzender der NSDAP angehört hat!" Jene Genossen,

Der Blechtrommler, 1973
Günter Grass

die mit dieser Gangart überhaupt nicht einverstanden waren, schwiegen beschämt. Auch Rosa Jochmann, die große alte Dame der Antifaschisten, meldete sich aus falsch verstandener Parteiräson nicht zu Wort. Die Sache lief den Organisatoren des Parteikonvents aus dem Ruder. Sie war umso peinlicher, als erstmals auch „bürgerliche" Journalisten im Saal anwesend sein durften, worauf Kreisky zu Recht sehr stolz war. Er ging in seiner Schlussrede nur kurz auf den Eklat ein – und zwar sehr versöhnlich. Den Exnazis gegenüber.

*

Die Volkspartei brauchte Zeit, um sich an die geänderten Verhältnisse zu gewöhnen. Auch die Parteistatuten mussten schleunigst geändert werden, denn man entdeckte, dass dort seit 1945 automatisch „der jeweilige Bundeskanzler Mitglied des Parteivorstands" war. – „Ich werde einmal scherzhaft fragen, ob ich zur nächsten Sitzung kommen kann", schmunzelte Kreisky.

Und er legte immer wieder Köder aus, indem er versuchte, aus dem Kreis der Wirtschaft und der Bauernschaft einzelne Spitzenrepräsentanten für sich zu gewinnen. Die ÖVP-Propaganda bekämpfte „Kreisky und sein Team", indessen pflogen einige ÖVP-Repräsentanten „unter der Tuchent" das Gespräch mit Kreisky – und seinem Finanzminister Hannes Androsch.

An diesem faszinierte viele Schwarze der flotte Lebensstil. Das war endlich ein Finanzminister, der sich nicht wie ein Wolfgang Schmitz mit dem Groschenzählen abgab, sondern mit dem man locker über große Geschäfte reden konnte.

Auch für das eingeschriebene ÖVP-Mitglied Kurt Vorhofer (gestorben 1995), der die Wiener Redaktion der Grazer „Kleinen Zeitung" leitete, war Kreisky „etwas Unfassbares an Talentausstattung. Von der könnten ein halbes Dutzend tüchtiger Politiker bequemst leben." Das überliefert uns sein bester Freund Paul Lendvai in seinem Memoirenwerk „Mein Österreich". – „Von wegen Demokratisierung aller Lebensbereiche", meint hingegen der

Hinter ihm – da geht einer …
Kreisky und der mächtige Gewerkschaftsbund, 1973

Rechtshistoriker Wilhelm Brauneder: „Er hat dort demokratisiert, wo seine Partei nicht die Mehrheit hatte." Das hinderte Vorhofer nicht, zwei Jahre nach Kreiskys Tod bei einer Diskussion zu schwärmen: „Was in ihm gelebt hat, und was aus diesem Kulturhumus hervorgegangen ist – jedes Wort ist ja nur eine Vergröberung." Kein Mensch habe früher „in Zeiten wie diesen" gesagt, sondern „in so einer Zeit" oder „in der heutigen Zeit". Und im Nu war dieser Satz sprichwörtlich. Oder er sprach von einer „façon de parler", von „barock", gar von „töricht". Nur wenn er ellenlange Parteitagsreden ablesen musste, sei ihm die Lust vergangen, stellte Vorhofer fest: „Da hat er das rasch runterg'würgt. Und alle sind brav dagesessen wie die Osterhasen und haben das angehört." Er habe viele Interviews mit ihm gemacht, so Vorhofer: „Er hat sich nie was vorlegen lassen, dafür war auch nicht Zeit. Er hat höchstens gesagt: ‚Die ordinären Sachen streicht's weg.'"
Viele Journalisten und mehrere Buchautoren haben sich mit dem Phänomen dieses gescheiten Österreichers beschäftigt. „Und dennoch", pflegte Kreisky zu sagen, „wenn's mir auch die meisten nicht glauben wollen, ist es so, dass ich keines dieser Bücher bisher wirklich gelesen habe. Für mich gibt es, vom Sujet her, interessantere Bücher auf meinem Tisch. Ich sage das nicht aus falscher Bescheidenheit – eine Eigenschaft, die mich keineswegs kennzeichnet. Die hat mir mein Vater ausgetrieben – übrigens nicht durch eine lehrhafte Formel von Äsop, sondern durch eine kabarettistische Anekdote: Es streiten zwei bekannte Komiker. Sagt der eine zum anderen: ‚Mach' dich nicht so klein – du bist gar nicht so groß!'"

*

Konsequenz zählte nicht zu den Stärken Kreiskys. Vor 1970 hatte er sozialistische Hausfrauen bei drei Prozent Teuerung zu einer Protestkundgebung auf die Wiener Ringstraße geschickt; nach 1970 kletterte die Inflation bald auf fünf Prozent, kurzzeitig sogar auf zehn Prozent. Vor 1970 nannte er ein Budget-

Die Operation beginnt!, 1973
Anton Benya

defizit von sechs bis sieben Milliarden Schilling „Wahnsinn“. Nach 1970 bereiteten ihm 100 Milliarden „keine schlaflosen Nächte“. Vor 1970 hielt er Staatssekretäre für überflüssig: Man solle halt Minister suchen, die keine Hilfe bräuchten. Nach 1970 erreichte die Zahl der Staatssekretäre einen historischen Höchststand.

Eine „doppelte Moral des Dr. Kreisky“ ortete 1974 auch Dr. Felix Baumgartner, der Obmann eines internen SP-Kontrollausschusses, der Unregelmäßigkeiten führender oberösterreichischer Parteifunktionäre aufgedeckt hatte: Kreisky ließ den korrekten Kontrollor aus der Partei ausschließen.

Das Ansehen Kreiskys litt unter diesen Widersprüchen keineswegs. Die Bevölkerung, wunderte sich „Nazi-Jäger“ Simon Wiesenthal, „sah zu ihm auf wie zu Vater, Kaiser und Gott zugleich. Selbst kritische Intellektuelle hingen an den Lippen des ‚Sonnenkönigs‘, wie er allgemein genannt wurde, als verkündete er ihnen die Offenbarung.“

Im Mai 1970 saß der frischgebackene Minderheitskanzler beim Heurigen in Klosterneuburg einem halben Dutzend internationaler Karikaturisten „Modell“. Auf die spitze Frage, wie es ihm nun so ohne parlamentarische Mehrheit gehe, grinste Kreisky verschmitzt: „Gut – solange ich so viele Zeichner interessiere, hab ich Chancen.“ Und er fügte hinzu: „Bei mir habt ihr’s leicht, ich hab a lange Nasen.“

„Wenn Ihnen amal nix einfallt, dann rufen S’ mich an“, brummelte Kreisky einmal zum Karikaturisten Gustav Peichl, „vielleicht kann i Ihnen helfen ...“ Das war gut gemeint, aber nicht nötig. An die 300 Kreisky-Zeichnungen hat Peichl verfertigt. „Die Karikatur ersetzt den Psychiater“, ist seine Maxime.

*

Fellinis Filmklassiker „La Strada“ war Karl Blechas Lieblingsstreifen. In dem Film gibt es die Figur des Zampano im Zirkus. „Der große Zampano“ – das gefiel Blecha. Und weil man im Freundes-

Ich verbürge mich dafür, 1973

kreis nicht dauernd „der Bruno“, oder „der Alte“ sagen wollte, sprachen die Insider bald nur noch vom „großen Zampano“. Kreisky ließ Blecha rufen: „Sag' einmal, warum nennt's ihr mich ständig Zamponi? Du weißt doch, das ist ein sozialistischer Rechtsanwalt in Linz, den kann i gar net leiden.“ Blecha: „Zampano, Bruno! Du bist der große Zampano, der Zirkusartist.“ Kreisky schüttelte verständnislos den Kopf. Ob ihm die Erklärung gereicht hat, weiß keiner so recht. In den Zeitungen hat's ihm dann geschmeichelt.

„Wir sind doch alle Deutsche …“

Diskussionen mit Jungpolitikern aus allen Lagern

Zu Beginn seiner Amtszeit als Bundeskanzler führte Kreisky sogenannte „Jugendforen“ ein, bei denen über die traditionellen Vertreter der etablierten Jugendorganisationen hinaus alle möglichen jungen Leute kunterbunt eingeladen wurden, die öffentlich aufgefallen waren. Das machte auf die „kritischen Jugendlichen“ mächtigen Eindruck. So kam bei einer dieser Diskussionen in einem Wiener Innenstadtpalais Herwig Hösele neben dem jungen Jura-Studenten Jörg Haider zu sitzen. Der baute gerade den noch recht kleinen „Ring freiheitlicher Jugend“ auf – von einer Telefonzelle im Studentenheim in der Pötzleinsdorfer Starkfriedgasse aus. Haider gab eine rotzfreche Wortmeldung ab – alle erwarteten einen verbalen Gegenschlag Kreiskys, der freilich in seiner Antwort samtpfötig blieb und den „kritischen Geist der Jugend“ pries. Zugleich winkte er seinem Sekretär: „Nowotny, kommen S'“, und flüsterte diesem etwas ins Ohr. Der Diplomat eilte unverzüglich zu Haider und teilte diesem mit: „Der Herr Bundeskanzler ist von Ihren Worten und Ideen sehr beeindruckt. Er möchte Sie im Anschluss an

Kein echter Jude, 1973
Golda Meir

die Veranstaltung zu einem Gespräch in seinem Büro am Ballhausplatz einladen." So kam Jörg Haider – knapp 20 – erstmals ins Bundeskanzleramt zu einem Vieraugengespräch mit dem Bundeskanzler.
Auf junge Leute, auf neue Gesichter war er immer neugierig. Die mussten nicht aus seiner Partei kommen. FPÖ-Chef Friedrich Peter sprach er bald nach Amtsantritt an: „Sie haben da einen Haufen junger Leute. Die möchte ich kennen lernen." In der Armbrustergasse erschienen also Friedhelm Frischenschlager, Norbert Steger und Holger Bauer. Und wen trafen Sie dort neben dem Hausherrn? Die Jusos Albrecht Konecny und Peter Kreisky. Nach kurzer Vorstellung verschwand Kreisky und ließ die jungen Gäste allein mit der Empfehlung: „Ganz gut, wenn ihr euch besser kennen lernt." Es sei nicht wirklich erhellend gewesen, erinnert sich ein Teilnehmer. Aber doch typisch für den Kanzler.

*

Diskussionen liebte er. Für die Jungen Liberalen, die sich unter der Schirmherrschaft von FPÖ-Obmann Friedrich Peter im „Atterseekreis" gefunden hatten, opferte er einen ganzen Samstag. Frischenschlager, Bauer, Steger, Horst Schender, Volker Kier und Hansjörg Tengg waren bei der denkwürdigen Zusammenkunft im Freiheitlichen Bildungswerk in der Badener Marchetstraße dabei. Schon Kreiskys erster Satz irritierte und verblüffte die Anwesenden: „Ich bin kein Liberaler."
Ein andermal wollte er den späteren Staatssekretär Holger Bauer näher kennen lernen. Den aus Schärding stammenden FP-Pressereferenten brachte Kreisky vollends aus der Fassung, als er das Gespräch so eröffnete: „Also, darüber sind wir uns ja wohl beide einig – wir sind alle Deutsche!" Der Innviertler Holger Bauer wand sich wie der Wurm an der Angel, Kreisky amüsierte sich, plauderte lang und breit über seine deutsch-mährischen Wurzeln. Und war letztlich nicht sehr erbaut darüber, dass sich der junge Liberale so bedeckt hielt.

So hätte er es gern, 1973

Bei einem dieser Abende, erinnert sich Wolfgang Fuchs, gab es Mineralwasser: „Wir bekamen alle aus einer Flasche Wasser eingeschenkt, Römerquelle oder Vöslauer, der Saaldiener reichte es uns. Und dann kam eine Extraflasche und ein Extraglas für ihn. Aus dem Glas stand eingraviert: ‚Für Österreich‘. Und das Mineralwasser war wahrscheinlich ein magenschonendes. Ich deutete es damals anders, für mich war es Snobismus, dass der rote Kanzler aus so einem Glas trank – und eine offensichtlich teurere Marke.“

*

Anfangs der Siebzigerjahre gab es eine flotte, oft SPÖ-kritische Zeitung der Sozialistischen Jugend namens „trotzdem“. Die Macher waren Herbert Lackner und Bruno Aigner, später kam Hans Besenböck dazu. Produziert wurde das Blättchen in ihrer WG in der Heinestraße. Aigner, heute Sprecher des Bundespräsidenten, hatte in einer Ausgabe einen frechen Kommentar unter dem Titel „König Brunos Tafelrunde“ verfasst. Kreisky ließ zehn Nummern herbeischaffen und gleich auch die Zeitungsmacher dazu. „Mit weichen Knien“ (Aigner) gingen sie ins Kanzleramt. „Die Erwartungshaltung war: Kreisky zieht uns an den Ohren.“ Keineswegs: Der Parteichef ging auf die Kritik am Entstehen einer parvenühaften Schicht in der Arbeiterpartei ein – und aus dem erwarteten Donnerwetter wurde ein ausführliches Interview „mit den jungen Leuten in der Partei“. „Unser Vertrauen in den Parteivorsitzenden“, erinnert sich der heutige „profil“-Chefredakteur Lackner, „war maßlos gestiegen.“
1974 jobbten die Freunde Lackner und Aigner am Delaware River – zwei Stunden von New York entfernt – im „Muller's Diner“ als Kellner. Von dort schickten sie einen schriftlichen Vorschlag an Kreisky, im Wahlkampf '75 eine Aktion „Junge ÖsterreicherInnen für Kreisky“ zu starten. Dem gefiel das Konzept: „Lasst die Buam doch machen“, sagte er zu den eher skeptischen Zentralsekretären Fritz Marsch und „Charly“ Blecha.

Staatsbesuch in Salzburg, 1974
Henry Kissinger, Richard Nixon

Der improvisierte Wahlkampftross bestand aus einem Gelenkbus, einem Lkw, der in zehn Minuten zur Bühne umgebaut werden konnte, und einem VW-Bus mit den „Roadies“ Lackner und Aigner. 65 Städte und Dörfer besuchten sie damals, 1975. Die Musik kam von Wilfried und der „Crazy Baby Band“ („Ziwui Ziwui“). Fürs Kabarett lieferte unter anderem Felix Dvorak Texte. „Nach gewonnener Wahl“, erzählt Bruno Aigner, „schmeichelte das Lob Kreiskys unserer roten Seele.“

„Ich bin der Meinung …“

Die Wahlmonarchie Kreisky in Habsburgs Erbfolge

Zwei Jahre nach seinem historischen Wahlsieg porträtierten die Journalisten Paul Lendvai und Karl-Heinz Ritschel den Chef der nunmehrigen SP-Alleinregierung in einem repräsentativen Buch. Ritschel stellte seinem Beitrag zwei Kreisky-Zitate voran: „Ich halte weiterhin den Klassenkampf für das einzige Mittel der Befreiung der Arbeiterschaft“ (Kreisky im „Sozialistenprozess“ 1936), und: „Es ist eine Rache der Geschichte, dass die einst jungen Revolutionäre nun auf ihre alten Tage befrackt und mit Orden behangen auf Bälle gehen müssen, um dort zu repräsentieren.“ (1972 auf dem Opernball)
Zu repräsentieren verstand Kreisky allerdings durchaus: Er scheint die Ähnlichkeit mit einem Bild des Salzburger Fürsterzbischofs Leopold Anton Freiherr von Firmian (1727–1744) durchaus genossen zu haben.

*

Nach Ritschel/Lendvai soll Kreisky in der Opposition mit dem Gedanken gespielt haben, Otto von Habsburg als diplomatischen Vertreter Österreichs zum Heiligen Stuhl zu entsenden.

König und Kronprinzen, 1974
Hannes Androsch, Leopold Gratz

Damals getraute sich die VP-Alleinregierung nicht drüber – wohl deshalb, weil die SPÖ-Funktionäre das nie zugelassen hätten und Kreiskys Einfluss auf die Partei noch zu schwach war.
Norbert Leser nannte Kreisky mehrmals spöttisch den letzten Vertreter der „k. u. k. Sozialdemokratie“. Nicht nur das. Er suchte ernsthaft eine Beruhigung der aufgeregten Parteifreunde, die schon bei Erwähnung des Namens „Habsburg“ Schaum vor dem Mund bekamen. Bei einer Feier der Paneuropa-Bewegung im Wiener Konzerthaus kam es zum historischen Handschlag zwischen Otto von Habsburg-Lothringen und dem österreichischen Kanzler. Eigentlich eine selbstverständliche Sache, die von Kreisky aber bewusst als Signal gesetzt wurde. Und als er in einem „Club 2“ auf Ottos Sohn Karl treffen sollte, wartete die Nation gespannt, wie Kreisky den jungen Mann anreden werde. „Herr Doktor“ wäre das Unverfänglichste gewesen, aber der Spross ist bis heute keiner. Also „Erzherzog“? „Kaiserliche Hoheit“? „Herr Habsburg“? Nichts von alledem. Ottos Sohn hatte als Einjährig-Freiwilliger eine Pilotenausbildung beim Bundesheer gemacht. Und so titulierte der Kanzler der Republik Österreich den Enkel des letzten Kaisers völlig korrekt mit „Herr Fähnrich“.
Wenn er wollte, konnte er ja charmant sein. Höflich war er eigentlich stets. 1982 setzte sich Dieter Kindermann von der „Kronen Zeitung“ vehement für Zita von Habsburg-Lothringen ein: „Herr Bundeskanzler! Ist es für Sie als Sozialdemokraten nicht menschlich verständlich, dass die Kaiserin nach 63 Jahren Exil endlich ihre Heimat sehen will?“ Als sich dann auch noch König Juan Carlos von Spanien einschaltete, wurde im Ministerrat eine österreichische Lösung gefunden, die Kreisky unnachahmlich so formulierte: „Also, wir geben ihr a Durchreisevisum. Und keiner wird nachschau'n, ob s' dableibt.“

*

Der Unterhaltungskanzler, 1974
Gerhard Bronner

Apropos Habsburg. In der Präsidentschaftskanzlei saß als Pressesekretär des Bundespräsidenten Jonas ein Diplomat namens Alexander Otto. Ein Anrufer, der in der Hofburg Auskunft in einer Presseangelegenheit suchte, wunderte sich, als dort der Hörer abgenommen wurde: „Hallo, hier Otto!“ Fassungslos stammelte der Anrufer: „Ist es schon wieder so weit?“
Nein. So weit kam es nie. Da war schon Kreisky selbst Kaiser von Österreich. Georg Markus hat uns die folgende Geschichte überliefert. Sie darf hier nicht fehlen. 1978 wird dem „Alten“ mitgeteilt, dass Österreich bei der Fußball-WM in der Qualifikationsgruppe mit Holland, Schweden, Spanien und Brasilien spielen müsse. Nach längerem Sinnieren brummelt er: „Holland is' a Monarchie, Schweden is' a Monarchie, Spanien auch – was macht eigentlich Brasilien in unserer Gruppe?“
Schon als Außenminister hatte er diese Attitüde. Bei einem Empfang traf er mit Baronin und Baron Kövess von Kövessháza zusammen, Sohn des letzten Oberkommandierenden der k. u. k. Armee. Das Ehepaar bat um eine Intervention für eine entfernte Verwandte. Kreisky: „Natürlich, Baronin, das wird sich schon machen lassen.“ – „Aber, aber, Herr Minister“, meldete sich der Gatte zur Wort, „in Österreich sei der Adel längst abgeschafft, dachte ich!“ – „Aber ich bitt' Sie, lieber Baron“, replizierte Kreisky, „wir sind doch unter uns.“
1979 war es dann so weit, dass der „Alte“ nichts mehr dagegen hatte, wenn man ihn mit dem Kaiser verglich. Im Wahlkampf überraschte die SPÖ mit einer Broschüre, die den Kanzler im Ministerratszimmer zeigte, sitzend unter dem riesigen Bild des jungen Kaisers Franz Joseph. Nicht nur den FPÖ-Chef Alexander Götz irritierte das monarchische Getue. Worauf Kreisky höchst erstaunt brummte: „Nicht einmal an seinem Arbeitsplatz darf man sich mehr fotografieren lassen.“ Auch „Krone“-Innenpolitiker Dieter Kindermann sprach den Kanzler darauf an. Kreiskys verschmitzte Antwort: „No, was soll i denn machen? Er ist ja hinten in die Wand eing'mauert.“

Auf leisen Sohlen, 1974

Bruno Kreiskys Mutter Irene entstammte der mährischen Industriellenfamilie Felix in Trebitsch. Eines Tages traf der Kanzler den Hofrat Berthold Graf Waldstein-Wartenberg, der das Allgemeine Verwaltungsarchiv in Wien leitete. Waldstein war auf einem Familienbesitz in Trebitsch geboren und aufgewachsen, Kreisky war im Sommer immer wieder bei seinen Großeltern in Mähren zu Gast. Man plauderte über Trebitsch, und Kreisky meinte, wenn das Wetter zu schlecht geworden sei, habe man ja immer noch ans Meer fahren können. „Sie schon“, antwortete der adelige Beamte, „Sie waren ja wohlhabende Industrielle. Aber wir konnten uns das sicher nicht leisten.“

„Lesen Sie Anton Kuh!“

Der erste Großbürger im Kanzleramt

Für Adelige und für Diplomaten hatte Kreisky ein Faible. Im Falle des Verfassungsjuristen Ludwig Adamovich war es daher für ihn überhaupt kein Hindernis, das ÖVP-Mitglied zum Leiter des Verfassungsdienstes im Kanzleramt zu machen. „Ich habe nicht die Absicht, aus der ÖVP auszutreten“, sagte Adamovich seinem Chef. Und der schätzte das. Erst viel später, als er vom Parteipolitiker Erhard Busek im Wiener Gemeinderat „angeschossen“ wurde, trat Adamovich doch aus: „Also bitte, anfetzen muss ich mich nicht lassen ...“ Heute meint der pensionierte Präsident des Verfassungsgerichtshofs: „Eigentlich bin ich von den Anderen viel besser behandelt worden.“
Der Salzburger Historiker Robert Kriechbaumer macht zu Recht auf einen Umstand aufmerksam, der den Zeitgenossen gar nicht so richtig zu Bewusstsein kam: Kreisky war der erste großbürgerliche Kanzler der Republik. Alle christlichsozialen und dann die ÖVP-Kanzler entstammten dem bäuerlichen oder kleinbür-

Die ORF-Wahl, 1974

gerlichen Milieu. Umso faszinierender wirkte der liberale, weltgewandte neue Mann am Ballhausplatz, der versuchte, Österreich eine internationale Reputation zu verschaffen, die man bis dahin schmerzlich vermisst hatte. Ob er, der sich in der Tradition der großen Parteiphilosophen Otto Bauer und Karl Renner verstand, wirklich ein tiefer Denker war – darüber sind die Meinungen sehr gespalten. Norbert Leser etwa, der sich selbst als den eigentlichen Hüter der Ideologie und Nachlassverwalter des Austromarxismus versteht, verneint das entschieden. Und auch Thomas Bernhard hat einmal vermerkt, dass es von Kreisky nicht eine einzige große Rede, nicht einen einzigen großen Aufsatz gebe, der über simple Wahlkampfrhetorik hinausgehe.

*

Kreisky war zweifellos bibliophil. Wobei er nicht alles selbst las. Sein Trick: Er suchte Bücher für seine jungen Mitstreiter und Sekretäre aus, die diese für ihn lesen und exzerpieren mussten. „In drei Wochen will ich eine Kurzfassung von dir“, sagte er etwa zu Karl Blecha. „Und wenn dir ein Zitat gefällt, schreib's auf.“ Der große Meister brillierte dann mit den ausgewählten Zitaten bei Diskussionen und anderen öffentlichen Auftritten. Und wir Journalisten wunderten uns immer wieder aufs Neue, wann der Mann das alles liest. Und sich merkt.

Auch Heribert Steinbauer, lange Zeit ein scharfer Oppositionsabgeordneter, kam in den Genuss der Kreisky'schen (?) Lesefrüchte: „Haben Sie schon Anton Kuh gelesen?“, fragte er den jungen Mandatar in den Couloirs des Parlaments so im Vorübergehen. Steinbauer hatte natürlich nicht. „Lesen Sie Kuh! Ich lese ihn jetzt gerade.“ Steinbauer tat's. Mit Gewinn.

*

Den großbürgerlichen Liberalen nahmen ihm nicht immer alle Beobachter ab. Der „Sonnenkönig“ des „Austrosozialismus“ war – bei all seiner Offenheit gegenüber Bürgerlichen und Adeligen

Kopf gesucht, 1974

– schon auch Klassenkämpfer. Ein Kämpfer gegen jene Klasse, der er entstammte. Vor allem in jungen Jahren revolutionär gesinnt, aber auch im Alter bekannte er, „immer linker“ zu werden. An der Staatswirtschaft hielt er unbeirrt fest, nicht nur wegen der „100.000 Arbeitslosen“ weniger, sondern weil er wirklich an den Staat als Unternehmer glaubte. Von Wirtschaftspolitik verstand er wenig, obwohl er das selbst anders sah. Im Regierungsalltag agierte er dennoch pragmatisch, Dogmen stellte er weitgehend beiseite. Um Mehrheiten zu erlangen, musste sich die Sozialistische Partei, wie sie damals noch hieß, öffnen. Heute wird Kreisky gern als „letzter Linker“ verklärt. Doch er regierte eher rechts. „Aufstieg – Leistung – Sicherheit“, so lautete bereits 1969 das Motto des Mai-Aufmarsches der Kreisky-SPÖ. Das hätten auch bürgerliche Parteien plakatieren können.

Freilich, Kreisky sei gut für die österreichische Psyche gewesen, sagt der Schriftsteller Peter Henisch: „Er war sich seiner diesbezüglichen Verantwortung bewusst. Andere Politiker später waren nicht einmal imstande zu kapieren, was sie in dieser Psyche anrichten.“ Kreiskys Regierung habe einiges mehr für Literatur und Kunst getan als die Regierungen davor und danach: „Die Literatur und die Kunst haben im öffentlichen Bewusstsein eine andere Rolle gespielt. Die Regierung Kreisky hat die Fantasie und die Intelligenz angesprochen, nicht die Dumpfbackigkeit und die Dummheit. Kreisky hat schon als Person etwas anderes verkörpert als heutige Politiker. Er hat Respekt vor einer humanen Bildung und der künstlerischen Moderne vermittelt. Er hat den Österreichern auch vermittelt, wie ihre Kultur sein könnte: großzügig und weltläufig, nicht engherzig und provinziell, wie es uns manche vorgestrige und viele heutige Politiker vorgemacht haben und vormachen.“ Das klingt recht schwärmerisch. Er sei aber „kein blinder Kreisky-Fan gewesen“, hält Henisch fest: „Gegen Ende seiner letzten Regierung war ich überzeugt davon, dass man ihn abwählen müsse. Weil er zu viel Macht hatte.“

Staatsaktion, 1974
Gustav Peichl

Adeliger und Diplomat zugleich war Wolfgang Schallenberg. Wenn man Julius Raab als Ressortchef hinzurechnet, diente der Graf insgesamt 14 Außenministern. Eine Zeitlang war er in Indien und sehr bemüht, ausführliche Berichte an das Außenamt zu schicken. Bis er draufkam, dass Kreisky schon am Vormittag wohlunterrichtet war, was in Neu-Delhi passierte: Er las zum Frühstück schon die „Neue Zürcher Zeitung“, Schallenbergs Berichte aber erst später im Büro.
Als Botschafter in Spanien suchte Schallenberg öfters die Familie Kreisky in ihrem Feriensitz auf Mallorca auf. „Man konnte mit ihm über Musik sprechen, über moderne Kunst, über internationale Politik“, schwärmt Schallenberg von diesen Begegnungen. Einmal vertraute Kreisky seinem Botschafter an: „Ich seh' zwar nur mehr auf einem Auge, aber ich sehe immer noch mehr als die anderen mit zwei.“

*

Kreisky legte großen Wert darauf, auch Nichtsozialisten im Kabinett um sich zu versammeln. Einer davon war Hans Knitel, ein knorriger Tiroler, den der dortige „Alpenfürst“ Eduard Wallnöfer nach dem Studium nach Wien in den Verfassungsdienst des Kanzleramts geschickt hatte, damit ein Landsmann dort nach dem Rechten sehe. Bald nach Amtsantritt engagierte ihn Kreisky für sein Büro auf Empfehlung seines Sekretärs Ingo Mussi. Vorher telefonierte Knitel noch mit seinem „Protektor“ Wallnöfer. Und der sagte nur: „Des machst, Bua. Aber a Sozi wirst mir nit, hascht verstanden?“
Knitel wurde kein „Sozi“, war aber absolut loyal zu seinem Chef. So konnte er manchmal offener reden, als es Kreisky lieb war. „Sie sind so für die Südtiroler“, sagte er einmal auf einer Dienstreise zum Kanzler, „aber unsere eigenen Minderheiten behandeln Sie schlecht.“ Kreisky schwieg. Aber es gab ihm zu denken.

Es wird ein Wein sein …, 1975
Andrei Gromyko, Henry Kissinger

„So kann man net arbeiten!“

Ein Tag wie jeder andere im Büro am Ballhausplatz

„Der Arbeitstag des Medienkanzlers Kreisky war das reinste Chaos.“ So plastisch beschreibt es sein damaliger Kabinettschef Alfred Reiter. Der studierte Ökonom trat am 2. Jänner 1972 seinen Dienst im Bundeskanzleramt an, und zwar um dreiviertel acht, weil man ihm angedeutet hatte, „der Alte“ komme immer so ungefähr um neun. „Ich konnte mich also ruhig in seinem Arbeitszimmer umschauen – unbeschreiblich: ein Durcheinander von Akten, manche waren Monate alt, Zeitungsausschnitte, Liebesbriefe, Drohbriefe, auf einem Dossier stand ‚Dringend/Sofort‘, das lag schon zwei Monate dort.“

„Fredi“ Reiter wollte diesem chaotischen Arbeitsstil ein Ende bereiten. Also blieb er am Abend bis Mitternacht im Amt und beging den größten Fehler seines Lebens. Er ordnete den Papierwust zu zwei riesigen Stößen auf des Kanzlers Schreibtisch, die dringendsten Schriftstücke ganz oben. Am nächsten Vormittag wurde Reiter zum Kanzler gebeten. Der Tonfall seiner Sekretärin Margit Schmidt signalisierte schon, dass Schlimmes passiert sein musste. Kreisky saß wütend hinter den beiden Papierstößen: „Ich kenn’ mich da überhaupt nimmer aus.“ Reiter: „Herr Bundeskanzler, rechts sind wichtige Akten, den linken Stoß kann man wegschmeißen, so wie er ist.“ Kreisky: „So was machst du mir nie mehr wieder, ja!?!!“ Reiter hielt sich dran. Kopfschüttelnd.

Thomas Nowotny arbeitete im Kreisky-Kabinett und beschreibt den Alltag, der morgens in der Armbrustergasse mit dem Frühstück und der genauen Zeitungslektüre begann: „Sein wichtigstes Arbeitsinstrument war das Telefon. Er besprach seine Ideen mit ihm wichtigen Personen in und außerhalb der SPÖ. Anhand der Reaktionen konnte er sich einen breiten Überblick

Flucht nach vorn, 1975

über die Stimmungslage verschaffen und durch seine Hellhörigkeit atmosphärische Untertöne aufnehmen. Seine Mitarbeiter litten teilweise unter seinem Arbeitsstil, denn der Kanzler war durch sein Kabinett terminlich nicht administrierbar." Wenn er Lust hatte, ging er noch auf den Tennisplatz, bevor er so gegen neun Uhr das Kanzleramt betrat.

„Kreisky agierte nicht wie der Vorstandsvorsitzende eines Großunternehmens", urteilt sein langjähriger Kabinettschef Alfred Reiter. „Bei ihm war Politik etwas Künstlerisches. Dazu gehörte die Inszenierung, das Stehen an der Rampe, das Verschwinden in der Kulisse. In unserem Vorzimmer schaute es aus wie im Wartezimmer eines Arztes. Jeder Termin musste nach hinten geschoben werden. Jeder österreichische Journalist wusste, dass er sofort mit Kreisky verbunden wird, da konnte die interne Sitzung noch so wichtig sein." Reiter war oft verzweifelt, wenn er einem hochrangigen Besucher die Wartezeit verkürzen und zuhören musste, wie der Chef drinnen mit irgendeiner Zeitung telefonierte: „Also, lesen S' mir amol vor, was S' bis jetzt g'schrieben haben." Und dann wurde geredet und geredet, „über Dinge, die sie beide nicht ganz verstanden". Und der Tagesplan war wieder völlig aus den Fugen.

Dieter Lenhardt probierte ein Telefonat mit Kreisky auf gut Glück. Die allgewaltige Chefsekretärin Margit Schmidt: „Ich schau', ob er zu sprechen ist." Es knackte in der Leitung, Gemurmel: „Ja, geben S' ihn mir, des is' a anständiger Mensch." (Laut): „Ja, hallo, hier Kreisky …" Lenhardt erinnert sich: „Ich wusste damals wirklich nicht, ob ich lachen oder mich über das Theater ärgern sollte. Ihm war jedes Mittel recht, die Eitelkeit eines Journalisten anzusprechen."

*

So ging es auch Thomas Chorherr, dem späteren Chefredakteur und Herausgeber der „Presse". 1959 war er noch ein „Frischling", aber zu seiner Hochzeit mit Christa trudelte ein Fern-

Ein neuer ÖVP-Obmann, 1975

schreiben in der Redaktion ein. Der Außenminister war der erste Gratulant. Und weil er eben Minister war, trug das Telegramm die Aufschrift „Staatsvorrang". So was hebt man sich auf. Und rahmt es ein.
Skurril wie seine Endlostelefonate mit Journalisten war auch Kreiskys Bewunderung für Österreicher, die es im Ausland zu etwas gebracht hatten. Oft schnappte er zufällig Namen beim Philharmonischen Konzert auf, oder bei den Salzburger Festspielen. Und – so Reiter – nachdem er sich den Namen selbst dreimal vorgesagt hatte, ließ er sich mit seinem „Opfer" verbinden: „Wenn Sie einmal in Wien sind, besuchen S' mich doch." Für fast alle betroffenen Manager natürlich eine hohe Ehre. Doch leider ging fast jede dieser Begegnungen katastrophal aus. Denn der Besucher musste in Kauf nehmen, dass Kreisky ständig durchs Telefonieren abgelenkt wurde. Und wenn dann der Termin vorüber war, sagte Kreisky zu seinem Kabinettschef: „No, der war ja völlig blass. Hast du einen Satz von dem in Erinnerung? Des is' a hohle Nuss."
Nicht besser erging es aber Besuchern, die zwar Wichtiges ins Gespräch einbrachten, aber mit einem falschen Satz Kreiskys Gleichmut durcheinanderbrachten. Dann urteilte Kreisky danach kurz und bündig: „Das ist ja genauso ein Trottel, wie sie bei uns in Österreich sonder Zahl herumlaufen."
Vernichtend war es, wenn ein Kreisky-Gesprächspartner etwas Gescheites einbrachte. Dann war der „Alte" verärgert, weil ihm das nicht eingefallen war. Oder wenn das Gegenüber monologisierte – auch das schätzte Kreisky wenig: „Der Mensch hat ja überhaupt kein Niveau. Der hat mich ja niedergeredet ..." Über einen, den er absolut nicht schätzte, urteilte er: „Das ist wirklich die rundeste Null, die mir jemals untergekommen ist."
Kreiskys Unpünktlichkeit war legendär. Jeden Montag um 17 Uhr trafen sich die SPÖ-Minister im kleinen Sitzungssaal des Kanzleramtes zur „Vorbesprechung" für den Dienstag-Ministerrat. Sie mussten lange warten. Vor 18 Uhr erschien der

Der Bauernfänger, 1975

„Alte“ kaum je. Ein einziges Mal saß Kreisky durch einen blöden Zufall schon um 17.01 Uhr am großen grünen Tisch. Kein einziger Minister war zu sehen. Um 17.02 Uhr trudelten gemächlich die „Streber“ Christian Broda und Hertha Firnberg ein. Kreisky, ärgerlich: „Also, so kann man net arbeiten, wenn jeder kommt, wann er will.“

*

Was er bei den anderen tadelte, erhob er selbst zum Kunststück: Einmal traf er mit seinem Chauffeur Blauensteiner pünktlich zu einer Kundgebung ein. Aber Blauensteiner hielt am Ortseingang, stellte den Motor ab und wartete stoisch mehrere Minuten lang: „Chef, wenn wir pünktlich ankommen, verlieren wir doch unser ganzes Image.“
So behielt er sein Image: Bei einem niederösterreichischen Parteitag suchten die Funktionäre schon ganz verzweifelt den Stargast und wollten ihm Vorwürfe machen. Kreisky: „Erstens hab ich keine Zeit zum Pünktlichsein und zweitens hab ich noch niemals was versäumt.“
Kreisky hielt bei vielen Wahlkampfveranstaltungen in eher kleineren Sälen seine übliche Rede, gegen Ende seines Vortrages aber sagte er mit deutlich gesenkter und leiserer Stimme zum Auditorium: „Und jetzt, liebe Freunde – und das sage ich nur euch!“ – Dann folgte eine wirkungsvolle Kunstpause, in der das Publikum realisieren sollte und auch konnte, dass es in diesem Moment eines Geheimnisses teilhaftig wurde beziehungsweise Adressat einer Botschaft war, die nur dem hier anwesenden elitären Kreis anvertraut wurde. Nach einer Stunde war der Wahlkampfauftritt vorbei und man jagte zur nächsten Veranstaltung, wo sich – nicht schwer zu erraten – das gleiche abspielte.

*

Apropos Blauensteiner: Der durfte sich dem Chef gegenüber alles erlauben. Kreisky liebte den ruppigen Umgangston seines Leib-

Der rosarote Bruno in Arabien, 1975

chauffeurs. „Ich hatte mich schon an dieses besondere Verhältnis zwischen Kreisky und seinem Kraftfahrer gewöhnt, aber eines Tages blieb mir doch die Spucke weg“, erzählt Heinz Fischer: „Nach einem langen Wahlkampftag hatte Kreisky gerade die letzte Veranstaltung hinter sich gebracht. Er war müde und es war – zugegebenermaßen – keine brillante Rede, aber als wir dann ins Auto stiegen, sagte Blauensteiner unvermittelt: ‚Also ehrlich Chef – heut' hob'n S' aber an ziemlichen Bledsinn g'red't.‘“

Drei Wochen nach der Nationalratswahl vom 5. Oktober 1975 saß der 37-jährige Abgeordnete Heinz Fischer bei Kreisky im Büro. Nach einer knappen Stunde hatten sie die Konstituierung des neuen Nationalrats durchbesprochen, Fischer war schon bei der Tür, da rief ihn der Chef zurück: „Was ich dir noch sagen wollte – ich werd' dich im Parteipräsidium als neuen Klubobmann unserer Fraktion vorschlagen. Mit dem Toni Benya hab ich schon gesprochen. Er ist einverstanden.“ Mit diesen Worten entließ er ihn, und der hoffnungsvolle Abgeordnete marschierte vom Ballhausplatz durch den Volksgarten ins Parlament zurück – „wie in Trance“ (Fischer).

Von da an gab es natürlich eine besonders enge, fast tägliche Zusammenarbeit mit Kreisky. Einmal spielten Fischer und Sohn Philip nach dem Abendessen zu Hause mit der Eisenbahn. Das Telefon klingelte, Philip schoss wie ein Pfeil zum Apparat im Vorzimmer, denn es war sein Ehrgeiz, das häusliche Telefon abzuheben. Er kehrte rasch und wortlos wieder zurück. Am nächsten Vormittag läutete Fischers Telefon im Büro. „Du hast aber einen sehr resoluten und aufgeweckten Sohn“, hörte er Kreisky sagen. – „Wie das?“ – „Ich hab gestern am Abend noch bei dir zu Hause angerufen, um etwas Dringendes zu besprechen. Am Apparat war dein Sohn und ich habe ihn höflich gefragt, ob ich seinen Papa sprechen kann. Und weißt du, was die Antwort war? ‚Das geht jetzt nicht, der muss jetzt mit mir spielen‘ – und ohne eine Antwort abzuwarten hat er den Hörer blitzschnell aufgelegt.“

Stock und Schnuller, 1976
Josef Taus

Seine Regierungsmitglieder wählte der „Alte“ nach Gutdünken aus. Aus der Salzburger Partei wurde ihm die junge Elfriede Karl genannt. Er teilte ihr am Telefon mit, dass er sie zur Staatssekretärin machen wolle, übermorgen gebe er mit ihr eine Pressekonferenz in Wien. Man traf einander fünf Minuten vor Beginn des Auftritts. Frau Karl wusste überhaupt nichts über ihr Aufgabengebiet. Gottlob erfuhr sie es während der Pressekonferenz: Familienpolitik. Nach einem kurzen Statement teilte ihr Kreisky mit, er müsse jetzt in ein Konzert. Auch in den nächsten Tagen fand er keine Zeit für ein Gespräch.
Andere wieder musste er direkt ins Amt zwingen. In Eisenstadt saß der sozialistische Landtagspräsident Fred Sinowatz und hatte eigentlich nur zu warten, bis ihm Theodor Kery Platz als Landeshauptmann machen würde. 1971 – Leopold Gratz war Unterrichtsminister und für einen anderen Posten vorgesehen – rief Kreisky im Burgenland an: „Fred, willst du nicht Unterrichtsminister werden?“ Sinowatz: „Herr Bundeskanzler, davon versteh ich gar nichts.“ – „Das macht gar nichts. Schau, neben mir sitzt der Poldl, der versteht davon auch nichts.“
Wie man Menschen fängt: mit einfachsten Mitteln. So erinnert sich Manfried Rauchensteiner sehr deutlich an seine erste Begegnung mit Kreisky. Der führte gerade interimistisch das Verteidigungsressort und ließ alle beförderten Beamten im Palais Dietrichstein versammeln. Auch dem Oberkommissär des Militärhistorischen Instituts, Rauchensteiner, reichte der Interims-Verteidigungsminister artig die Hand und gratulierte. Eine einfache Geste, aber sie machte Eindruck. Ebenso die vielen Gratulationsschreiben, die er mit persönlichen Worten ergänzte – so etwas hatte es vordem nicht gegeben. Wir merken an, dass diese Höflichkeit auch unter seinen Nachfolgern stark nachgelassen hat.
Nur mit der Pünktlichkeit als Höflichkeit der Könige, da haperte es zeitlebens. Jahre später brach der neue Bundeskanzler Fred Sinowatz einen wichtigen Termin abrupt ab: „Meine Herren, ich muss unser Gespräch beenden. Draußen wartet der Altkanzler,

Die Strafarbeit, 1976

und obwohl er in seiner aktiven Zeit nie pünktlich war, kann er jetzt als Pensionär Unpünktlichkeit nicht ertragen und wird echt grantig, wenn er auch nur einige Minuten warten muss.“

„Ihr verdient Unsummen!“

Der „Alte“, das liebe Geld und Mallorca

„Und wenn mich einer fragt, wie denn das mit den Schulden ist, dann sag ich ihm das, was ich immer wieder sage.“ Dieser Satz, wie ihn nur der „Alte“ formulieren konnte, ist ins österreichische Gedächtnis eingegangen, wann immer die Rede auf Kreisky kommt, weil er dem österreichischen Wesen so exakt entspricht: „Und zwar, dass mir ein paar Milliarden mehr Schulden weniger schlaflose Nächte bereiten, als ein paar hunderttausend Arbeitslose mir bereiten würden.“ Der Journalist Gerhard Jelinek nahm diese Passage in sein Buch „Reden, die die Welt veränderten“ auf. Warum? Dieser Satz veränderte die Welt zweifellos in keiner Weise. Der kluge Kollege tat trotzdem mit Spürsinn das Richtige. Denn heute ist diese Politik des Staatsinterventionismus große Mode – Angela Merkel, Nicolas Sarkozy, Barack Obama sind Apologeten Kreiskys. Kreisky verwendete diesen Gedanken oft, im Archiv des ORF fand Jelinek den Satz nur ein einziges Mal, datiert mit Mai 1979, als Kreisky einen Wahlkampfauftritt in Rudolfsheim-Fünfhaus hatte.

*

Privat konnte Kreisky – wer wusste es nicht – trotz seiner hohen Stellung manchmal kleinlich werden bis zur Lächerlichkeit. Das Gefühl, ständig zu verarmen, verfolgte ihn. Gewiss, er führte ein großes Haus, auch wenn das nur von der Wiener

Kürzung der öffentlichen Hand, 1976

Städtischen Versicherung gemietet war. Auch um den Privatwagen und die Dienstlimousine musste er sich keine Sorgen machen. Dennoch störte ihn, wenn andere auf größerem Fuße lebten. Als er sich einmal sehr über seinen früheren Kabinettschef Peter Jankowitsch ärgern musste, griff er zum äußersten Mittel der Perfidie.
Der Mann war inzwischen mit Kreiskys Protektion zum Botschafter bei den UN in New York ernannt worden. Nach einem Ministerrat zog Kreisky ein paar Journalisten in eine Ecke, zückte seinen Gehaltszettel und fuchtelte damit zornig herum: „Was glauben Sie, der Jankowitsch verdient mehr als ich! Aber, net dass Sie das schreiben, meine Herren! Wissen soll'n Sie's nur.“

*

Auch Helmut Zilk wurde Zeuge eines derartigen Zornausbruchs. Und zwar im Café Landtmann: „Ihr verdient Unsummen im ORF“, Kreisky wurde immer lauter. Und kleinlicher: „Jetzt lasst sich der Herr Bacher im Büro ein Badezimmer einrichten! Das ist ein Missbrauch der Rundfunkgebühren!“ Die Wahrheit sah etwas anders aus: Architekt Clemens Holzmeister hatte beim Bau des futuristischen Rundfunkhauses in der Argentinierstraße in den Dreißigerjahren natürlich ein Badezimmer beim Büro des Generaldirektors vorgesehen. Und Bacher ließ den alten Plunder herausreißen und eine einfache Brause installieren. „Ich sage, damals ist zum ersten Mal aus Kreisky dieser Neid herausgebrochen“, zeigte sich Zilk betroffen vom Verlauf dieses Gesprächs: „Er hat ja dann auf diesem Klavier richtig gespielt. Was die Kleinen nicht haben, was die Reichen alles haben. Man muss auch diese zweite Seite seiner Persönlichkeit sehen. Bis es sich gegen ihn gewendet hat mit einem dramatischen Ende: Dass er an einer schwedischen Konservenfabrik beteiligt sei, das ging dann bis zum Kauf des Hauses in der Armbrustergasse. Dass er dafür zu wenig gezahlt habe. Mallorca war man ihm neidig, dieses bessere Schrebergartenhäusl.“

Auf Wiedersehen!, 1976

Auch Kreiskys Ferienhaus entsprang ursprünglich seiner Sparsamkeit. Kärnten könne er sich nicht mehr leisten, tat er in einem Interview kund: „Für denselben Betrag hätte ich mir in Kärnten höchstens ein komfortableres Schrebergartenhaus leisten können“ – ein Sturm der Empörung bei den österreichischen Patrioten war die Folge. Kreisky stand das durch. Also gab es nun eine neue Adresse für die innenpolitischen Journalisten: Palma di Mallorca, Costa d'en Blanes 51, die Kreisky-Villa. Ein bescheidenes, dreistöckiges Haus im Grundriss eines Schrebergartens, allerdings mit einem atemberaubenden Blick übers Meer und einem durchaus geräumigen Swimmingpool. Als sich Kreisky Ende der Siebzigerjahre auf Anraten seines Cousins Kurt hier niederließ, war er ein Trendsetter. Zu Zeiten, als manch Prominenter seine Finca hier besaß, es ihm aber peinlich war, darüber zu reden, lebte Kreisky dort ohne Scheu vor Medien. Touristen konnten ihn beim Gang zum Bäcker abpassen. Er habe sich ein „kleines Häusl“ zugelegt, sagte Kreisky, auch wenn Böslinge von „Villa“ sprachen, was nicht stimmt: Die Liegenschaft oberhalb des Sporthafens Porto Portals hat etwa 800 Quadratmeter, hundert davon Wohnfläche, später durch Zubauten erweitert. „Jessas, da hab ich ja ein größeres Häusl in Krems“, sagte einmal ein Besucher.

Das weit entfernte Domzil hatte noch einen Vorteil: In Österreich habe er in seiner Freizeit keine ruhige Minute gehabt, sagte Kreisky. Aber auch hier spielte sich viel ab: Zweimal kam PLO-Boss Jassir Arafat, auch Politiker wie Spaniens damaliger Premier Felipe González hockten auf der Terrasse. Journalisten gewährte Kreisky noch lange nach seiner Kanzlerschaft Audienzen unter balearischer Sonne. Und wenn einmal kein Gast da war, gab es immer noch das Telefon und gepfefferte Interviews für die Medien in Wien.

Das Haus blieb in Familienbesitz. Man habe es renoviert, meint sein heute 65-jähriger Sohn Peter. „Ich bin so zweieinhalb Monate im Jahr dort“, sagt der pensionierte Sozialwissenschaftler

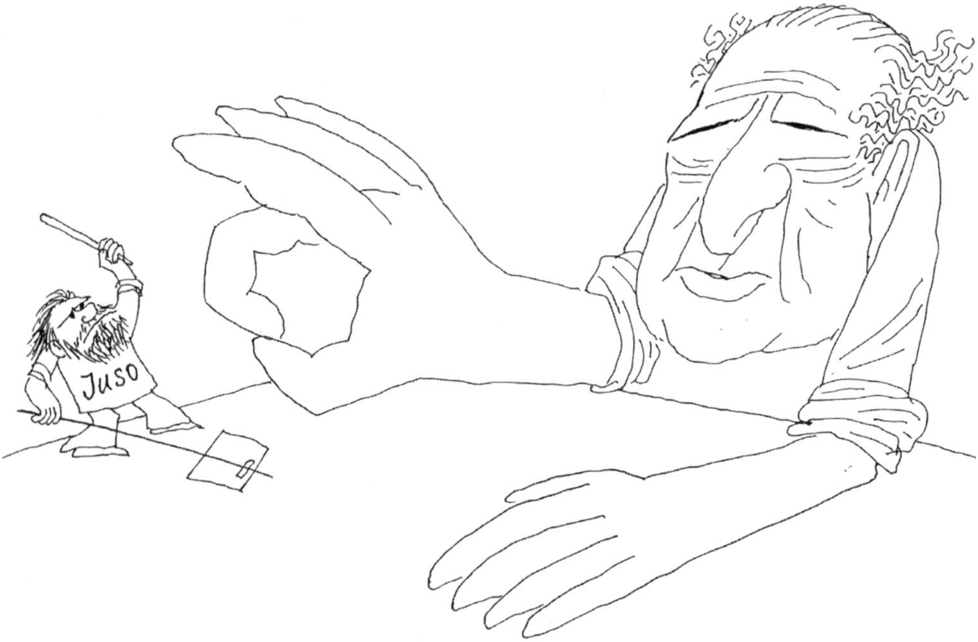

Der ungleiche Kampf, 1976

und frühere Aktivist gegen das AKW Zwentendorf, „das“ Projekt seines Vaters. „Meine Frau Eva verbringt hier noch mehr Zeit. Sie lehrt an der Uni, also braucht sie das“, schmunzelt er.

*

Legionen von Journalisten machten hier Station. Eines Tages auch ORF-Mann Johannes Fischer. Er sollte die Jahresansprache des Kanzlers für das Radio aufzeichnen, wollte aber insgeheim mehr: ein umfangreiches Interview für die Feiertagssendungen vielleicht. Das Warten vor der Villa war beschwerlich. Spaniens König hatte erhöhten Schutz für Kreisky angeordnet, also verbrachte unser ORF-Reporter mehr als eine Stunde auf der Straße sitzend. Dann nahte ein in höchster Drehzahl jaulender gelber Uralt-VW – mit Bruno am Steuer. Autofahren zählte nie zu seinen Stärken. Gut gelaunt war er hörbar nicht: „Was machen denn Sie da?“ Fischer erinnerte bescheiden an die vereinbarte Aufnahme, worauf der Alte murrend darauf hinwies, dass er eigentlich am Abend verabredet sei und überhaupt bestenfalls 20 Minuten habe. Also wurde die Aufzeichnung ganz schnell gemacht – der „Alte“ wollte ja weg. Danach war er zu einem Interview bereit – „aber kurz bitte“. Er musste ja weg. Das war um etwa 18 Uhr. „Woll'n S' was trinken?“, heuchelte er Gastfreundschaft, ohne allerdings die geringsten Anstalten zu machen. Was dann folgte, war faszinierend: Dieser unerhört belesene, gescheite und erfahrene Mann hielt einem jungen Journalisten einen unvergesslichen Vortrag über die Welt. „In einer unnachahmlichen Art und Weise, seine Geschichten mit Anekdoten anzureichern, gleichzeitig aber nie das globale Bild aus den Augen verlierend und seinen zentralen Wunsch, diesem kleinen Österreich eine echte Rolle im Weltgeschehen zu geben.“ Es war schließlich ein Uhr morgens, als Kreisky zum ersten Mal auf die Uhr sah. Und er beschloss diesen unvergesslichen Abend mit den freundlichen Worten: „Woll'n S' was trinken?“ Da hatten sie noch keinen Tropfen getrunken. Nicht einmal Wasser.

Bruder Spar, 1976

Zu den klassischen Übungen des Journalismus zählen die großen Sommergespräche in den Medien. Egal ob im Fernsehen oder in den politischen Magazinen, damit soll die Sommerflaute an politischen Neuigkeiten überbrückt werden. Spätestens seit Bruno Kreisky sein Haus in Mallorca besaß, waren diese Ausflüge in der Branche sehr beliebt. Als die „profil“-Chefredakteure Helmut Voska und Alfred Worm von einem derartigen Trip nach Hause kamen und das Band des insgesamt siebenstündigen Interviews abhörten, packte sie der kalte Schreck: Kein Ton war zu vernehmen. Was tun? Die beiden, erfahren im Umgang mit dem „Alten“, rekonstruierten, so gut sie eben konnten, das Interview aus dem Gedächtnis, mischten alte Aussagen aus früheren Gesprächen dazu und legten es dem Kanzler zum üblichen Korrekturlesen vor.
Bald darauf kam ein Anruf vom Ballhausplatz: „Sehn S', meine Herren, endlich transferieren Sie, was ich wirklich g'sagt hab!“

Sozialminister Alfred Dallinger stürmte in die Parlaments-Cafeteria und störte seinen Chef Kreisky beim Mittagessen: „Du, da wollen a paar Journalisten wissen, wie viel i verdien!“ Kreisky: „Und? Hast es ihnen g'sagt oder hast es ihnen erklärt?“
Apropos Mittagessen. Das bekam „der Alte“ am Ballhausplatz in einem kleinen Hinterzimmer des mächtigen Büros serviert. Anruf Kreiskys in der Redaktion: „Haben S' schon g'essen?“ – „Noch nicht, Herr Bundeskanzler. Leider.“ – „Kommen S' vorbei, können wir dabei plaudern.“ Was täte man lieber? Also ab ins Kanzleramt. Der Amtsdiener führte den Besucher diskret ins „Speisekammerl“, wo schon gedeckt war. Damast, Silberbesteck. Auf dem Teller – ein grüner Apfel. Das war's.
Eines Tages lud der Kanzler SPÖ-Klubobmann Sepp Wille beim Spaziergang durch den Volksgarten zu einem schnellen Imbiss ein. Ins Café Landtmann. „Was willst denn haben“, fragte Kreisky generös. – „Ich schließ mich dir an, Bruno.“ Worauf der Kanzler bestellte: „Zwei große Braune und zwei Semmeln.“

Tempora mutantur …, 1976
Karl Lütgendorf

Kreisky war nicht richtig geizig, aber in seiner aktiven Zeit hielten sich die privaten Ausgaben im Rahmen. Oft kam er mehr als eine Woche lang mit einem 1000-Schilling-Schein über die Runden. Und das ging so: Bahnreise mit Journalisten. Im Speisewagen lud Kreisky zu Kaffee und Wasser, verlangte die Rechnung, zückte seinen Tausender. Der Kellner stammelte verlegen, dass er so zeitig am Morgen noch nicht so viel Retourgeld habe. Darauf ein Wink zu Kabinettschef Fredi Reiter: „Geh', zahl du das derweil.“ – Reiter, beim Weggehen: „Den Schmäh kenn ich schon. Den macht er mir immer wieder.“
Betriebsbesuch des Kanzlers mit großem Gefolge im südlichen Niederösterreich. Jovial unterhielt sich der Staatsmann mit den Arbeitern. Die aufgeregte Geschäftsführung buckelte schließlich – es ging gegen Mittag: „Es wäre uns eine Ehre, wir haben in der Werkskantine …“ „Nein, leider, das geht diesmal net. I bin auf Diät.“ Enttäuschung beim Management, Kreisky bestieg seine Limousine und sagte zur Entourage: „So, und jetzt gemma irgendwo gut essen.“
Ja, geschmackssicher war er, auch wenn er nicht unbedingt als Schlemmer bezeichnet werden konnte. Kreiskys Köchin erbat einmal bei einem Kabinettsmitarbeiter eine kleine Abkürzung behördlicher Irrwege. Das klappte auch und die gute Frau brachte dem Ministerialrat zum Dank eine Torte ins Amt. Am Abend veranstalteten die Kabinettsmitarbeiter einen Festschmaus. Als Kreisky aus seinem Büro kam, wurde auch ihm ein Stück angeboten. Nach dem ersten Bissen stellte er überrascht fest: „Des schmeckt wie von meiner Köchin daheim …“
Die arme Köchin konnte er aber auch demütigen, wenn ihm danach war. Im Journalistenkreis spottete er, als die Suppe aufgetischt wurde: „Zum Schluss gibt's frischen Apfelstrudel, der is' wenigstens wärmer als die Suppen.“

Budgetloch, 1977
Hannes Androsch

Auf Reisen

Verkleidete Beduinen, ägyptische Bauchtänzerinnen

Besuche in arabischen Ländern waren für den selbsternannten Nahostexperten Bruno Kreisky wie Feiertage. Sein Außenminister Willibald Pahr erzählt, dass ihm der „Chef" völlig freie Hand ließ – „nur den Nahen Osten hatte er sich vorbehalten". Im Oktober 1980 besuchte Kreisky König Hussein von Jordanien. Auf dem Programm stand auch ein Besuch der Felsenstadt Petra. Die Journalisten ritten auf den Touristenpferden durch die schmale Schlucht zum Treffpunkt auf dem großen Platz vor dem so genannten Schatzhaus, Kreisky samt Entourage war auf einem anderen Weg mit einem Geländewagen dorthin gekommen. In der Journalistengruppe waren auch Heinz Nußbaumer und Gerhard Steininger. Sie hatten sich auf dem Touristenmarkt noch rasch mit Palästinensertüchern versorgt und diese sich fachgemäß umbinden lassen. Kreisky, immer auf der Suche nach irgendwelchen Arabern zum Plaudern, bemerkte natürlich sofort mit Adleraugen die beiden berittenen Figuren mit Kufiya. Als er auf Hörweite herangekommen war, gab's eine Enttäuschung für ihn. Steininger salutierte und meldete: „Herr Bundeskanzler, Ihre arabische Legion meldet sich zur Stelle!" Kreisky machte eine Vollbremsung, rief ganz resigniert: „Ah, Ihr seid's dös!", und kehrte traurig um.

*

Eine Kreisky-Reise zu Ägyptens Anwar el-Sadat dürfte offensichtlich für viele der damals mitreisenden Journalisten denkwürdig gewesen sein. Natürlich stand das Nahostproblem zur Debatte, aber auch die ebenso heikle Frage etwaiger Lieferungen des Jagdpanzers „Kürassier" und anderen Militärgeräts durch die Steyr-Werke. Schauplatz der ersten Unterredung der beiden Politiker, erinnert sich APA-Redakteur Robert Dienel, war ein

Der beidbeinige Bruno, 1977

ehemaliger Königspalast. Für die Medien sah das Protokoll im Anschluss nur einen Fototermin vor. Aber zur Verblüffung Sadats und zum Entsetzen der Leibwächter stellte sich der Kanzler einer improvisierten Pressekonferenz nach dem Muster seines Wiener Pressefoyers. Staatspräsident Sadat rang nach Luft ob dieser ungewohnten Sitten, beantwortete dann aber doch ein paar Fragen. Kreisky hingegen war voll in seinem Element und musste nach einer Dreiviertelstunde von seinem Gastgeber mit Hinweis auf das weitere Programm „eingebremst" werden.

Für die paar aus Wien mitgereisten Journalisten war die Situation schwierig. Notizen waren in dem Gedränge mit den Fotografen unmöglich, die Aufnahmequalität der kleinen Tonbandgeräte litt unter den Geräuschen der Kameras. Also schuf man einen „Pool": Jeder Einzelne brachte im Hotel das von ihm sicher Vernommene zu Papier, das dann zu einem Basisbericht zusammengefasst wurde. Darauf gestützt, konnte jeder seine individuelle Meldung verfassen. Zeit dafür war genug, denn damals gab es noch keine selbständige Durchwahl. Telefongespräche mussten angemeldet werden – und das dauerte ein bis zwei Stunden – manchmal auch länger.

Den ersten Abend ließ der österreichische Botschafter in Kairo mit einem kleinen Essen bei Kerzenlicht auf der Terrasse seiner Residenz ausklingen. Zu fortgeschrittener Stunde gab plötzlich eine Seite des großen, mit Speis und Trank beladenen Tisches nach und drohte mitsamt dem Gedeck in sich zusammenzustürzen. Das ägyptische Personal reagierte diskret, wenn auch unkonventionell: Einige Diener mussten an der gefährdeten Stelle die schwere Tischplatte unauffällig so lange halten, bis die österreichischen Gäste aufbrachen. Also mehr als eine Stunde lang. Ohne eine Miene zu verziehen.

Die Gespräche mit Sadat verliefen ausgezeichnet, einige Journalisten jedoch haben „ihren Teil abbekommen". Im Besichtigungsprogramm war nämlich auch ein kurzer Abstecher mit dem Hubschrauber zu den Pyramiden von Gizeh geplant. Die

Wein in das Wasser, 1977

Journalisten wurden mit dem Auto vorausgeschickt, Kreisky flog mit der engsten Delegation per Hubschrauber zu den Pyramiden. Die Landung mit dem Hubschrauber im Wüstensand hatte einen mittleren Sandsturm zur Folge, der die wartenden Journalisten für eine ganze Weile flüchten ließ. Letztlich aber stand dann doch die ganze Gruppe fasziniert vor dem Riesenbauwerk. Auch die begleitende Journalistin Marta Halpert – sie ist Jüdin – ließ das bauliche Wunderwerk auf sich wirken. Kreisky stapfte im sandigen Gelände herum und stellte dann lächelnd zu seiner Begleiterin fest: „Da haben unsere Vorfahren aber schwer gearbeitet."
Man flog sehr zeitig von Kairo ab nach Abu Simbel, erinnert sich Hans Winkler. Dafür war schätzungsweise alles in allem eine Stunde vorgesehen. Vom Flughafen raste man auf einer selbstverständlich für jeden anderen Verkehr gesperrten Staubstraße in irrem Tempo durch die Wüste zum Tempel. Nach der Besichtigung drängten sich Touristen an Kreisky heran, der hinter seinem Wagen Schutz suchte, weil ihm die körperliche Nähe zu den Leuten sichtlich unangenehm war. Eine Deutsche rief ihm über das Auto hinweg zu: „Juten Tach, Herr Bundeskanzla, ich bin 'ne Öst'reicherin." – „Klingt aber net so", gab Kreisky grantig zurück. Die Frau darauf: „Wir fahren seit 25 Jahren nach Tirol auf Urlaub." Der Kanzler gab sich geschlagen: „Na dann, wenn S' woll'n, bitte."

*

Die Oppositionsparteien waren bei Kreiskys Auslandsreisen immer eingeladen. Während sich die ÖVP zugeknöpft gab, nahm FP-Obmann Friedrich Peter gern daran teil. Oder er schickte einen Parteifreund. Der junge FP-Bundespressereferent Holger Bauer kam so zu einer Bulgarien-Reise. Am zweiten Tag in Sofia meldete sich um halb acht Uhr morgens Kreisky bei Bauer im Hotelzimmer: „Ich muss Ihnen leider mitteilen, dass Ihre Frau Mutter heute Nacht gestorben ist. Ich habe schon

Platz, 1977
Otto Rösch

veranlasst, dass Sie ein Flugzeug nach Österreich zurückbringt." Vor der Tür stand schon ein Wagen mit Chauffeur, der Bauer zum Flughafen brachte. „So etwas vergisst man als junger Mensch nicht", meint Bauer heute.

Im Frühling 1981 nahm Bundeskanzler Bruno Kreisky eine Einladung zum Besuch Saudi-Arabiens an und flog mit entsprechendem Tross wieder einmal in den Nahen Osten. Es war die Periode der israelkritischen und proarabischen Politik Österreichs – die Zeit auch der Ermordung des Wiener Stadtrates Nittel.

Kreisky hatte jedenfalls den Ehrgeiz, zwischen Königen und Terroristen eine Vermittlerrolle zu spielen und PLO-Chef Arafat in Riad zu treffen.

Nach mehreren quälenden Stunden im Flugzeug empfahl sich Vera Kreisky – elegant im grauen Kostüm – auf die Toilette, während „er" den Journalisten wieder einmal sein Weltbild als jüdischer Großbürger darlegte. Kaum hatte man den saudi-arabischen Luftraum erreicht, ging die Toilettentür auf und Frau Kreisky erschien – gehüllt in eine Abaya, die alles bedeckende Frauenbekleidung im strenggläubigen Königreich.

Kreisky unterbrach verdutzt seine Kommentare zum Zustand der Welt, fasste sich aber schnell wieder und meinte: „Na, Vera, jetzt schaust aus wie eine Semitin ..."

Nach der Landung der Maschine wurden vom arabischen Protokoll Herren und Damen getrennt. Vom Damenprogramm wussten die Journalisten nur, dass Frau Kreisky in die Privaträume der Königin zum „Welcome" chauffiert werden würde. Erst am Abend – und nach der ersten Gesprächsrunde des Kanzlers mit König Chalid ibn Abd al-Aziz – konnten sich die Journalisten auf Frau Kreisky stürzen, um zu erfahren, wie es denn im königlichen Harem so zugegangen wäre. Die Antwort war sensationell und enttäuschend zugleich: Die führenden Damen des Königshauses wären allesamt nach der neuesten Haute Couture aus Paris gekleidet gewesen und hätten auch lange darüber konversiert, so Vera Kreisky. Nur sie und die

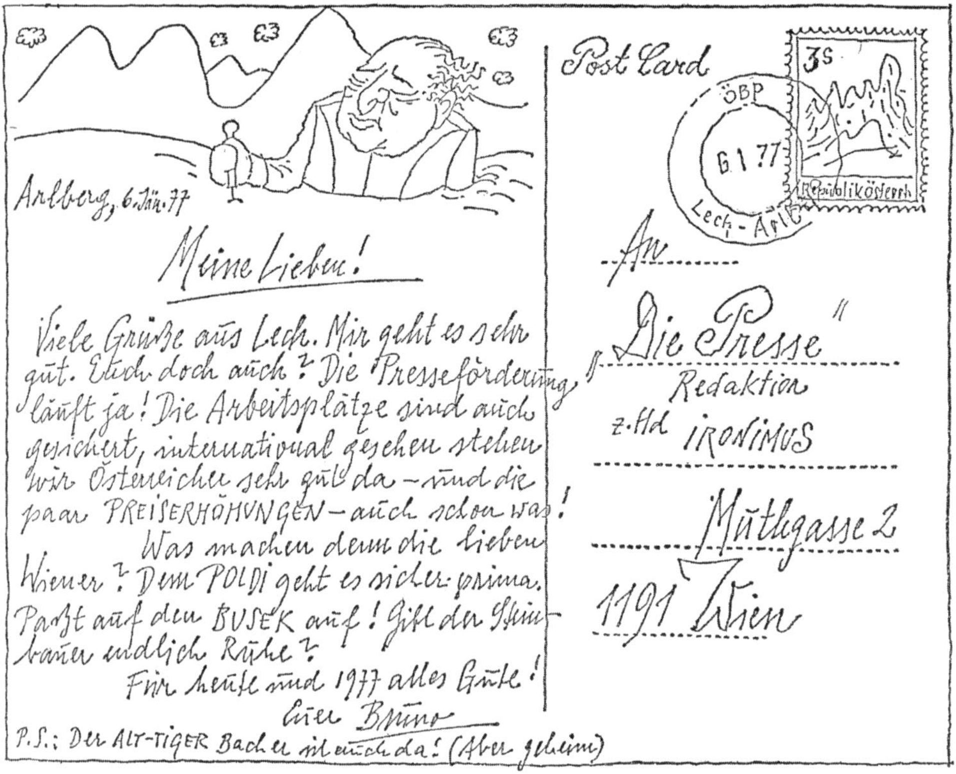
Post Card

ÖBP
6.1.77
Lech-Arl

3S
Republik Österreich

Arlberg, 6. Jän. 77

Meine Lieben!

Viele Grüße aus Lech. Mir geht es sehr gut. Euch doch auch? Die Presseförderung läuft ja! Die Arbeitsplätze sind auch gesichert, international gesehen stehen wir Österreicher sehr gut da – und die paar PREISERHÖHUNGEN – auch schon was!
Was machen denn die lieben Wiener? Dem POLDI geht es sicher prima. Paßt auf den BUSEK auf! Gibt der Steinbauer endlich Ruhe?
Für heute und 1977 alles Gute!
Euer Bruno

P.S.: Der ALT-TIGER Bacher ist auch da! (Aber geheim)

An
„Die Presse"
Redaktion
z. Hd. IRONIMUS
Muthgasse 2
1191 Wien

Urlaubsgrüße, 1977

begleitenden Österreicherinnen hätten die Abaya getragen.

*

Die außenpolitischen Ansichten von Bruno Kreisky und Willy Brandt waren zwar nicht völlig identisch, aber doch sehr ähnlich. Beide hielten viel von der These „Wandel durch Annäherung". Sie waren der Meinung, dass man kommunistische Systeme nicht primär durch einen Kurs der Konfrontation schwächen könne, weil der letzte logische Schritt eines solchen Konfrontationskurses, nämlich die militärische Auseinandersetzung zwischen Atommächten, einfach nicht riskiert werden dürfe. Eine Aufweichung der Diktaturen in Osteuropa sei eher durch Dialogbereitschaft und langsamen Abbau der Konfrontation zu erreichen, so Kreisky und Brandt.

In diesem Sinne entschloss sich Kreisky im März 1978, eine Einladung der DDR-Führung zu einem Besuch in Ostberlin anzunehmen – ähnlich wie er das auch in Bezug auf Ungarn, Jugoslawien oder die CSSR bereits getan hatte. Kreisky lud Klubobmann Fischer ein, ihn zu begleiten. – „Wir flogen also mit einer AUA-Maschine zum Ostberliner Flugplatz Schönefeld, wo der DDR-Protokollchef an Bord kam und uns umständlich die Begrüßungszeremonie erklärte", erinnert sich Fischer. „Gleichzeitig wurde ein langer roter Teppich ausgerollt. Nachdem Kreisky ausgestiegen war und gemeinsam mit der österreichischen Delegation einige Meter vor der Flugzeugtreppe Aufstellung genommen hatte, ertönte zackige Marschmusik und eine Abordnung der DDR-Volksarmee mit schwarzen Stiefeln marschierte im zackigen Gleichschritt, der vom Paradeschritt der Großdeutschen Wehrmacht nicht zu unterscheiden war, schnurstracks auf Kreisky zu. Als sie nur mehr wenige Meter von Kreisky entfernt war und noch immer nicht stehen blieb, begann Kreisky protokollwidrig zurückzuweichen und knurrte unüberhörbar: ‚Na, des fangt ja schön an.' Auch bei allen anderen militärischen Ehrenbezeugungen der DDR-Volks-

Parteidisziplin, 1978

armee war dem österreichischen Bundeskanzler sein Unbehagen deutlich anzusehen."
Österreichs Botschafter Friedrich Bauer war natürlich überall dabei. Im Gästehaus Schloss Niederschönhausen wurden die österreichischen Journalisten zuvorkommend bewirtet, die mitgereisten Korrespondenten für westdeutsche Medien (Hanny Konitzer für die „FAZ", Inge Sandtner für den „Spiegel") hatten zwar auch bestellt, doch kam ihr Essen zu spät. Der nächste Termin war vorrangig. Abends klagten die „westdeutschen" Damen dem Kanzler ihr Leid. Im Gästehaus natürlich. Kreisky erhob seine Stentorstimme: „Unglaublich, das kann auch nur in einem kommunistischen Gästehaus passieren! Da muss doch vom Mittagessen noch was übrig sein!" Kurze Zeit später öffnete sich die Tür. Atemlose Kellner eilten mit Lachs herbei (den es in der DDR sonst nie gab). Die Stasi-Mikrofone waren offenbar zugleich Doppelsprechanlagen in die Küche.
Anderntags flanierte Kreisky über den Alexanderplatz in die Karl-Marx-Buchhandlung, schmökerte sich durch die reichhaltige marxistische Literatur und fragte dann hinterlistig nach dem neuen Buch von Rolf Schneider – einem in Ungnade gefallenen DDR-Schriftsteller. Solch aufmüpfige Subjekte wurden vom KP-Regime mit Mini-Auflagen bestraft. Der Buchhändler hatte einen Rolf Schneider. Kreisky wollte noch ein zweites Buch. Leider, der Händler musste bedauern. „Na, da muss es aber eine große Nachfrage nach dem Autor geben, net wahr?", meinte Kreisky ganz ernst. Und hinterließ einen verdatterten Buchhändler.

*

Apropos Abhöranlage: Schon 1977 machten die Österreicher derlei Erfahrungen. Und zwar in Moskau. Der Kanzler fuhr mit großem Gefolge zum Arbeitsbesuch bei der Moskauer Führungsspitze Breschnew, Kossygin und Podgorny. Nach der Ankunft im Gästehaus, das der Geheimdienst KGB natürlich vorher präpariert hatte, begann Kreisky vor seinen Begleitern aus

Allesfresser?, 1978
Gerd Bacher

vollem Hals über den Kommunismus zu schimpfen. Handelsminister Josef Staribacher deutete entsetzt auf den Luster im Zimmer: „Bruno, psst!“ – „A was, die sollen ruhig die Wahrheit hören“, winkte Kreisky ab. Am nächsten Morgen waren die Österreicher bei Kossygin zum Frühstück. Und der Ministerpräsident eröffnete gut gelaunt die Unterhaltung: „Ich habe gehört, dass Sie gestern Abend interessante Diskussionen hatten.“

Kreiskys Verhältnis zu Israel war bekanntlich nicht problemlos. Die Österreichisch-Israelische Gesellschaft, deren Vizepräsident Walter Schwimmer war, hatte immer wieder Schwierigkeiten mit Aussprüchen des österreichischen Regierungschefs. Dem sozialdemokratischen Urgestein Otto Probst reichte es letztendlich, er trat als Präsident zurück. Der Wiener SP-Verkehrsstadtrat Heinz Nittel übernahm, wurde aber am 1. Mai 1981 von palästinensischen Terroristen ermordet. Plötzlich war Schwimmer geschäftsführender Präsident. Kreisky witterte die Chance, dass die Gesellschaft in Zukunft wesentlich leiser treten könnte als unter Probst und Nittel. Er wollte den Generaldirektor der Nationalbank, Heinz Kienzl, als neuen Präsidenten. Dem war die Sache aber nicht geheuer. Nach eingehenden Sondierungen ließ sich Kienzl zum Stellvertreter küren – und Schwimmer wurde Präsident. Der ÖVP-ler führte die Gesellschaft bis zu seiner Wahl als Europarats-Generalsekretär im Jahre 1999. Es war eine der (wenigen) taktischen Blessuren für Kreisky.
Kreisky, obwohl jüdischer Abstammung, betrachtete sich selbst nicht als Jude. Die Juden waren nach seiner Anschauung kein Volk, sondern die Anhänger einer Religion. Zu denen zählte er sich als Agnostiker aber nicht. Heinz Nittel kommentierte das im kleinen Kreis einmal so: „Kreisky behauptet zwar immer wieder, kein Jude zu sein; aber er beweist täglich das Gegenteil. Genauso wie die meisten Juden weiß nur er allein immer am besten, was gut für Israel ist.“ Nittel mag dabei an die David Ben-Gurion zugedachte Anekdote gedacht haben, der zu Dwight D.

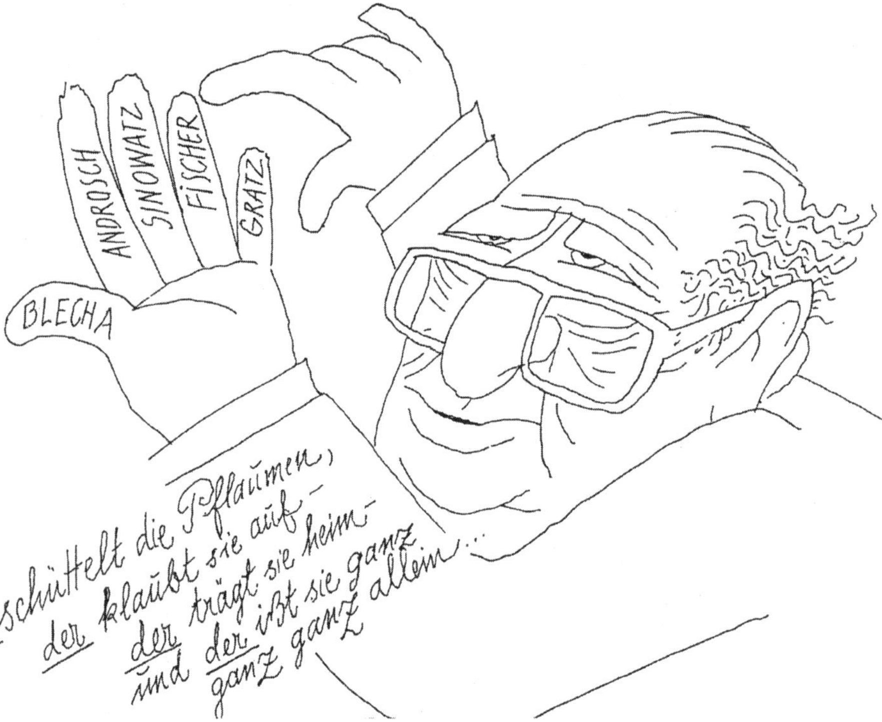
BLECHA
ANDROSCH
SINOWATZ
FISCHER
GRATZ
Der schüttelt die Pflaumen,
der klaubt sie auf –
der trägt sie heim –
und der ißt sie ganz
ganz ganz allein …

Fünf Kronprinzen, 1978

Eisenhower gesagt haben soll: „Mr. President, Sie haben's leicht als Präsident von 200 Millionen Amerikanern, ich dagegen habe ein Volk von zwei Millionen Ministerpräsidenten!"

*

„Wenn ich von Österreich absehe", schrieb der Kanzler 1978 im Buch „Die Zeit, in der wir leben", „fühle ich mich Schweden, das meine zweite und gute Heimat während vieler Jahre war, wo meine Kinder geboren wurden und eine außerordentlich sichere und geschützte Jugend verbracht haben, weit stärker verbunden als Israel." Die „Stimme des Blutes", das sei eine Blut-und-Boden-These aus der Hitlerzeit. „Hier komme ich zu einer sehr harten Formulierung, wie ich sie schon einmal gebraucht habe: Der strenggläubige Zionismus vertritt eigentlich einen Rassismus, eine Art anthropologischen Mystizismus, den ich nicht zu akzeptieren bereit bin."

Nur aus zweiter oder dritter Hand, nämlich von israelischen Freunden, erfuhr Walter Schwimmer Folgendes, das auch eine andere Seite des Verhältnisses Kreiskys zu Israel zeigt: Sein Bruder Paul war nach Israel emigriert, lebte dort mit seiner Familie und wurde einmal vom Bundeskanzler der Republik Österreich besucht. Bruno, dem „Nicht-Angehörigen des jüdischen Volkes" und vehementen Israel-Kritiker, standen dabei angeblich Tränen der Rührung in den Augen, als er seinen Neffen, der gerade wieder Militärdienst leisten musste, in der Uniform eines israelischen Majors der Reserve sah.

Anfangs der Achtzigerjahre war wieder einmal eine österreichische Parlamentariergruppe in Israel. Im arabischen Basar in der Jerusalemer Altstadt begannen die Fremdlinge zu handeln und zu feilschen. Der Ladeninhaber fragte, woher sie seien, und auf die Antwort „From Austria" begann er übers ganze Gesicht zu strahlen: „Kreisky is my friend, you are my friends. I make a very good price for you." Mangels echter Kaufabsicht trollten sich die Österreicher aber bald wieder. Worauf der Ladeninha-

Kindesweglegung, 1978
Helmut Zilk

ber der Gruppe auf die Straße nachlief und sie mit dem wahrscheinlich einzigen deutschen Wort verabschiedete, das er kannte: „Scheiß Kreisky!“

*

Eine illegale Lieferung von Scharfschützengewehren an Syrien kostete Verteidigungsminister Karl Lütgendorf den Kopf. Damit war der Skandal zwar in Österreich halbwegs bereinigt, aber die Syrer waren bitterböse: Warum man ihren Freund „Lü“ so schnöde behandelte, das verstanden sie absolut nicht. Also entschloss sich Kreisky zu einem Freundschaftsbesuch. Mit ihm reiste der wohlbekannte innenpolitische „Wanderzirkus“ der Journalisten, um eine möglichst große Publicity zu bewirken. Als man über Damaskus kreiste, ließ der Regierungschef seinen Blick über die endlose öde Landschaft schweifen, dann nahm er wieder die Tageszeitungen auf und murmelte: „A schiaches Land.“
Nach den üblichen prächtigen Begrüßungszeremonien konnten wir uns im Hotel erfrischen. Peter Rabl vom „Kurier“ leider nicht. Sein Koffer war verlorengegangen. Ein verzweifelter österreichischer Botschafter, ein gelassener Kreisky: „No, Sie machen das schon, Herr Botschafter. Sie fahren jetzt wieder hinaus zum Airport, net!?“ – „Zu Befehl, natürlich!“ Aber leider, auch dort kein Koffer. Kreisky behielt die Übersicht: „Also werden wir den Herrn Rabl aus unserer Wäsche ausstatten. Wer hat mehr als drei Hemden? Gut! Unterhosen? Passt ...“ Und so sah der unglückliche Reporter Rabl letztendlich ganz manierlich aus.
Für das Abendessen im Palast bot Gastgeber Assad alles auf, was orientalische Gastfreundschaft zu bieten hat. Edelste Leckerbissen für die österreichische Delegation. Umso enttäuschender die Getränke: Fruchtsäfte und Eiswasser. Im Hotel offenbarte Kreisky seine Weltläufigkeit: „Die tun nur so. Wetten, dass die gern Alkohol trinken?“ Tags darauf die Gegeneinladung der Österreicher. Es kochte die Küchenbrigade des österreichischen UN-Kontingents: Grießnockerlsuppe, Tafelspitz

Allein – allein, 1978
Herta Firnberg

mit den klassischen Beilagen, Apfelstrudel. Dazu Grünen Veltliner und einen Wiener Gemischten Satz. Höflich, wie es Gästen ziemt, tranken die Syrer kräftig – und zunehmend leutseliger werdend. „Denen hammas 'zeigt", brummte Kreisky bei der Heimfahrt lang nach Mitternacht.

Auf dem Programm des Reisetrosses stand natürlich auch der obligate Besuch des österreichischen UNO-Camps auf den Golanhöhen. Schon von ferne grüßte die rot-weiß-rote Fahne am Eingang des Lagers. Es war wie eine kleine Ruhepause in der Heimat. In der Offiziersmesse standen sie schon aufgereiht, die Militärs. Kreisky reichte jedem die Hand, erkundigte sich nach Herkunft und familiären Umständen. Als Letzter in der Reihe salutierte ein zackiger Offizier. Kreisky: „No, haben Sie Kinder?" – „Nein, Herr Bundeskanzler!" – „Sind S' net verheiratet?" – „Melde gehorsamst, nein." – „??" – „Ich bin der Militärgeistliche."

Auch mit den Soldaten kam Kreisky leicht ins Gespräch. Die Themen waren ebenfalls leicht. „Mit Mädchen wird hier wohl nichts sein", bedauerte er die einsamen Blauhelme. Die schüttelten traurig die Köpfe. Tröstend meinte der Kanzler: „Na ja, in den mohammedanischen Ländern ist das halt schwer."

*

Während eines Deutschland-Besuches hörte Kreisky eine Rede des temperamentvollen SPD-Fraktionschefs Herbert Wehner. Die Deutschen waren an Wehners bellenden Redestil gewöhnt, die Österreicher eher nicht. Halblaut fragte Kreisky einen Begleiter: „Wir haben doch gar nichts angestellt. Warum brüllt er so mit uns?"

Kreisky berichtete im SPÖ-Parteivorstand nach einer Reise über sein Zusammentreffen mit der Premierministerin von Sri Lanka (Ceylon), Sirimavo Bandaranaike, und über die demokratischen Fortschritte in einigen Staaten Asiens. In der Debatte meldete sich Exminister Alfred Migsch zu Wort und argumentierte, dass Ceylon und andere Länder keine Demokratien seien

Es herbstelt schon, 1978

und sie auch nicht „wie wir wählen“, worauf ihm Kreisky antwortete: „Du irrst dich, Genosse Migsch, wählen tun sie wie wir, nur zählen tun sie anders.“
Auch Malta wurde bereist. In der Hauptstadt betrat der schon etwas müde Kanzler während eines Stadtbummels den Dom, in dem gerade eine Vesper gehalten wurde. Kreisky setzte sich still in die letzte Reihe. Diese katholische Feier gefalle ihm außerordentlich, flüsterte er seinem Begleiter zu, wegen der Schlichtheit und Eindringlichkeit der Choräle. Er sei überhaupt gern in Kirchen: „Da gibt's kein Telefon und es stehen nicht andauernd Leute um mich herum.“

*

Mit Kreisky an der Spitze einer Delegation der Sozialistischen Internationale flog Hans Mahr 1976 nach Saudi-Arabien. Am Vorabend hatte ein Sandsturm in Amman das Schuhwerk der Reisenden schwer beeinträchtigt. Vor der Audienz am Königshof blickte Kreisky auf die Schuhe Mahrs: „Mit so dreckigen Schuhen wollen Sie zum König gehen?“ Das war natürlich ein Hinweis „pars pro toto“: Alle Mitglieder der Delegation zogen sich blitzartig ins Nebenzimmer zurück und putzten ihre Schuhe, damit sie sauber und ordentlich vor dem König erscheinen konnten.
Von Abu Dhabi ging die Erkundungsreise endlich wieder Richtung Heimat. Zwei kleine Learjets standen zur Auswahl. Der bekennende Wiener Hans Mahr zum Kanzler: „Lassen wir doch die Piefkes und die anderen Ausländer in einer Maschine fliegen, und wir nehmen die andere direkt nach Wien.“ Kreisky darauf: „Mahr, ein feiner Mensch werden Sie nie. Aber die Idee ist richtig.“ – „Herr Bundeskanzler, ich könnt mich ja bemühen ...“ – „Lassen Sie's bleiben, das funktioniert nicht, mit dem feinen Menschen.“
Bis zur „kleinen Strafrechtsreform“ 1972 war die männliche Homosexualität in Österreich strafbar. Ein geheimes Erken-

Wanderer zwischen den Welten, 1978

nungszeichen der Schwulen waren gelbe Pullover.
Der Wiener Stadtrat Peter Schieder begleitete Bürgermeister Gratz zu einem Termin nach Kärnten. Von dort machten sie einen Abstecher nach Venedig, wo Kreisky gerade privat weilte. Nach der Jause brachen sie allesamt zu einem Bummel auf dem Touristenpfad durch San Marco auf. Im Herrenmodengeschäft Al Duca D'Aosta tat es Kreisky vor allem ein knallgelber Kaschmirpulli an, worauf jemand aus seiner Begleitung meinte, der Pullover sei zwar sehr schön, aber man könne diese Farbe nicht tragen. Kreisky brummte seinen Begleitern zu: „Jetzt habt ihr euch so für die Straffreiheit engagiert, nun setzt euch doch auch dafür ein, dass jedermann wieder einen gelben Pullover tragen darf."
Während eines Regierungsbesuchs in Tunesien gab Kreisky für die ihn begleitenden österreichischen und die einheimischen Journalisten eine Pressekonferenz. Von Letzteren wurden auch Fragen zum Nahostkonflikt gestellt. Kreisky ließ sich vom Französischen und ins Französische übersetzen – von einer hervorragenden österreichischen Dolmetscherin. Während der Übersetzungen schaute Kreisky so teilnahmslos, dass man meinen musste, er höre überhaupt nicht zu, weil er ohnehin nichts verstehe. Einmal aber passierte der Dolmetscherin ein Fehler – und blitzschnell unterbrach Kreisky sie: „Nein, so habe ich das nicht gesagt." Nachher nahm Kreisky die völlig betroffene Übersetzerin zur Seite und begütigte sie: „Sein S' mir nicht bös'. Aber ich musste es machen. Es war einfach zu wichtig."

*

Kreisky schätzte Margit Fischer, geb. Binder, außerordentlich. Er kannte sie praktisch seit ihrer Geburt in Stockholm im Jahr 1943 und konnte sich mit ihr auch auf Schwedisch unterhalten, was sie gelegentlich taten, wenn sie Heinz Fischer necken wollten, der ja nicht Schwedisch spricht.
Als Willy Brandt zu einem offiziellen Besuch nach Wien kam, gab Kreisky ein Abendessen. Mit dabei das Ehepaar Fischer.

Der alte Schnipfer, 1979

Kreisky stellte seine Gäste einzeln dem deutschen Bundeskanzler vor. „Unseren Fraktionsvorsitzenden Dr. Heinz Fischer kennst du ja." Und zum Entsetzen der Protokollbeamten setzte er fort: „Und das ist Margit, seine Frau, die in Stockholm geboren ist, weil ihre Eltern nach Schweden emigrieren mussten. Die kenn ich schon, seit sie am Topf gesessen ist und seit ihre Mutter sich mit meiner Frau über die Qualität schwedischer Windeln unterhalten hat."

Bei sehr vielen dieser Gastmähler war Vera Kreisky dabei. Auch wenn ihr das wenig Pläsier bereitete, begleitete sie ihren Mann und begrüßte bei Empfängen den langen Zug der Eingeladenen. Im Palais Schwarzenberg begrüßten die Kreiskys eine Gruppe eher wohlbeleibter Gäste aus der damaligen Sowjetunion, die es sich – Mann für Mann – nicht nehmen ließen, schmatzende Handküsse auf die hilflose Vera zu drücken. Schließlich drehte sie sich um und zeigte dem hinter ihr stehenden Protokollchef, dem strengen Lukas Beroldingen, mit sichtbarer Verzweiflung die kleine Lacke, die sich auf ihrer Hand gebildet hatte.

*

Das nennt man vollendeten Stil: Der Diplomat Hans Knitel flog nach Verhandlungen über die Europäische Gemeinschaft mit Kreisky von Rom nach Wien zurück – in der Economyclass. Eine Stewardess meldete gleich nach dem Start ganz aufgeregt, in der 1. Klasse sitze Kardinal Franz König. Also begab sich der Kanzler nach vorn und machte dem Kardinal seine Aufwartung. Als das Flugzeug österreichisches Territorium erreicht hatte, kam der Kirchenmann in die Economyclass – und begrüßte den Bundeskanzler als Vertreter der weltlichen Macht.
Natürlich war der Kanzler mit seinem Traum, den Nahostkonflikt auflösen zu können, durch Extremisten aller Art höchst gefährdet. In der Nacht vom 15. auf den 16. Juni 1981 entdeckten Nachbarn der Kanzlervilla einen jungen Mann in

Die Regierungserklärung, 1979

Jeans, der eine Feuerleiter erkletterte und von da oben die Kreisky'sche Wohnung studierte. Als sie hinüberriefen, was er denn da mache, sprang er mit halsbrecherischem Satz in die Tiefe und verschwand im Dunkel. Die mobilisierte Polizei hatte das Nachsehen.

*

Gleichsam zur Bestätigung der höchsten Alarmstufe traf wenige Tage später eine vertrauliche Warnung Jassir Arafats an der Donau ein. Der PLO-Chef benachrichtigte die Österreicher über die Anwesenheit einer el-Assifa-Mordbrigade in Wien. Daraufhin organisierte Innenminister Erwin Lanc quasi über Nacht einen kugelsicheren Kordon rund um den Regierungschef. Bis zu 30 Spezialisten der Antiterrorgruppe Kobra wimmelten Tag und Nacht um den Kanzler. Sie lagerten im Erdgeschoß seiner Villa, standen der Sekretärin Margit Schmid im Weg und traten einander wechselseitig auf die Füße. So forderte die Großmachtpolitik des kleinen Österreich ihren Preis. Kreiskys Hang, sich unter die Mächtigen der Erde zu mengen, hat ihm auch deren ständige Begleiterin eingetragen, die Angst ums eigene Leben.

Auch Kreiskys Freund, der Großindustrielle Karl Kahane, machte sich Sorgen um dessen Sicherheit. In Blumau, wo ein Autofreak eine stattliche Oldtimer-Sammlung unterhält, machte der Motorjournalist Peter Urbanek kürzlich eine interessante Entdeckung. Der Besitzer führte ihn zu einer unscheinbaren Limousine. Ein 130er Fiat. Die Besonderheit: Das Fahrzeug ist gepanzert. Kahane stellte es dem Freund nach dessen Ausscheiden aus der Politik zur Verfügung.

Cassius Bruno, 1979

JOURNALISTENKANZLER

Lieber wäre er Chefredakteur geworden

„Mit Kreisky wurde Politik zur TV-Politik", urteilt Günther Haller: „In diesem Medium lebte Kreisky seine geradezu erotische Beziehung zum gesprochenen Wort aus. Nahezu täglich war er in den Fernsehnachrichten zu sehen – und ging den Zusehern dennoch nicht auf die Nerven. Sein betont langsames Sprechen im tiefen Bassbariton, sein bürgerlich-intellektueller Habitus als Homme de Lettres und seine leicht dozierenden Sätze wirkten souverän und bescheiden zugleich."

Diese Gabe hatte Kreisky schon als junger Mann trainiert. Als gebildeter Großbürgersohn konnte er später mit Künstlern und Wissenschaftlern ebenso gut kommunizieren wie mit einfachen Fabrikarbeitern. Obwohl er alles ignorierte, was heutige Kommunikationsberater empfehlen, dominierte er jede TV-Show, weil er Politik als Unterhaltung anbot.

Ab dem 14. März 1972 gestaltete Kreisky das Pressefoyer nach dem Dienstag-Ministerrat zu einem Kammerspiel. Er gab den Journalisten das Gefühl, auf gleicher Höhe mit ihm zu stehen. Ein holdes Trugbild natürlich. Aber anders als seine Nachfolger vermittelte der listige alte Fuchs den eitlen Medienleuten, sie zu respektieren, sie ernst zu nehmen. Und diese verließen – nach Stunden – das Kanzleramt nicht nur mit einem „Aufmacher" fürs Blatt, sondern auch belehrt, geehrt, erhoben. „Es muss für die Journalisten einen Sinn haben, darüber zu schreiben", sagte er zu Paul Lendvai. „Und daher bin ich für die Medien ein vielleicht nicht immer angenehmer, aber ein unentbehrlicher Partner."

„Den Gleichmut wahr dir mitten im Ungemach; wahr ihn desgleichen, lächelt dir hold das Glück!" Nach diesem Motto des Konfuzius vollzog sich allwöchentlich das Ritual. Kreisky in der

Der rote Monarch, 1979

Mitte des Steinsaals, in genau vorberechneter Distanz zur TV-Kamera, rund um ihn, dicht an dicht, die Journalisten mit ihren Schreibblöcken. Erwartungsvolle Stille in barockem Ambiente. Wie Goldstücke fielen dann die Worte des Meisters. Langsam, wohlabgezählt. Der Dank der Berichterstatter war ihm sicher: Selbst wer nicht stenografieren konnte, trug seinen Schatz sicher in die Redaktion. Bruno Kreisky dachte so langsam laut, dass hier jeder mitschreiben konnte. Er bediente sich gern altertümelnder Ausdrücke, die das Deutsche so reich machen, sprach von „Annoncen", von „Trottoir", bezeichnete oftmals etwas als „töricht". Und wenn ihm was schon ganz absurd erschien, dann nannte er es „barock". Einfach barock. „Ja?!" Wenn er Geschichtsunterricht erteilte, hatte er ein Stehvermögen, das junge Männer rund um ihn zum Weinen brachte. Dann flüchtete man zu den Sitzmöbeln im Hintergrund, wo der Revierinspektor Ehrenreich mit einer Marlboro wartete. Oft wurden es recht viele Zigaretten, bis der „Sonnenkönig" seine Höflinge in Huld entließ.

*

Der „innenpolitische Wanderzirkus" – das war unser Biotop, unsere Jugend. Neben den Doyens Josef Laschober und Kurt Vorhofer gehörten Gerold Christian, Peter Rabl, Ulrich Brunner, Dieter Kindermann, „Bobo" Esterle, Franz Ferdinand Wolf, Gerald Freihofner, Ulrich Stocker, Hans Besenböck, Günter Traxler, Hannes Leopoldseder, Dieter Lenhardt, Hubert Wachter, Josef Nowak, Barbara Stiglmayr, Ute Sassadeck und viele andere dieser exklusiven Runde an. Und natürlich die Innenpolitikerin der APA, Brigitte Sauer.
Vier Kanzlern hat sie von ihrem „Stammplatz" aus im Pressefoyer über die Schulter geschaut: Kreisky, Sinowatz, Vranitzky und Klima. „Krone-Telemax" Robert Löffler widmete ihr 1994 eine charmante Glosse, in der er die Vermutung andeutete, bei der schönen Blondine könnte es sich um eine getarnte Leibwächterin handeln, „die vielleicht einen geladenen Bleistift führt und

Das Glück ist ein Vogerl …, 1979
Josef Taus, Alexander Götz

im Busensack eine entsicherte Smith & Wesson stecken hat". Denn: „Wie der ORF-Kulturredakteur Walter Lehr letztens sagte, halte der israelische Geheimdienst die österreichische Staatspolizei für einen Ferzelach, zu Deutsch etwa: ein Schäslein."
Nein, „Gigi" Sauer war nicht nur schön, sie war eine klasse Agenturjournalistin. Aber sie verteidigte ihren Stammplatz auch mit unlauteren Mitteln, wenn es sein musste: Ein unwissender Neuling postierte sich einmal hinter der rechten Schulter des Kanzlers. Frau Doktor Sauer rückte ihrem „Stammplatz" immer näher und stand schließlich mit ihrem gefürchteten Bleistiftabsatz direkt auf dem Fuß des Eindringlings. Nach drei Minuten gab der das Revier unter Schmerzensschreien auf.

*

Kreisky hatte wohl alles, was einen guten Journalisten aus ihm gemacht hätte. Dadurch war er auch den Technokraten nicht geheuer, die eifersüchtig über ihr Wissen und ihr Fachchinesisch wachten. Kreisky war klüger als sie. Er verwendete Formulierungen, die dem verwöhnten Intellektuellen gefielen, aber ebenso dem einfachen Mann auf der Straße. Freilich barg diese Einfachheit, die Vereinfachung, auch Schwierigkeiten für jene, die seine Monologe transportieren sollten: Meinte er nun, was er sagte, oder meinte er genau das Gegenteil? Denn nicht immer bedeutete die Anmerkung: „Das erzähl' ich Ihnen aber jetzt nur, damit Sie's wissen", auch tatsächlich, dass diese Mitteilung vertraulich bleiben sollte. Es konnte genauso gut bedeuten: „Schreiben S' das so, wie ich's jetzt gesagt hab – mich müssen S' ja net unbedingt erwähnen ..."
Fotografen und die Zeichner hatten ihre Freude an dem markanten Gesicht des Regierungschefs. Gustav Peichl meinte: „Wenn die politische Karikatur noch nicht erfunden wäre, für Kreisky hätte man sie erfinden müssen."
Der „Alte" hielt sich an einen Aphorismus: „Über Karikaturen kann man sich entweder ärgern oder freuen. Da beides an der

Im Parteitagshimmel, 1979
Hannes Androsch, Leopold Gratz, Karl Blecha, Fred Sinowatz, Herta Firnberg

Sache nichts ändert, freue ich mich darüber." Und das tat er selbst dann, wenn ihm der Inhalt der Zeichnung gegen den Strich ging. So rief er einmal den Künstler an: „Lieber Herr Professor, die heutige Zeichnung – wunderschön, meine Locken, meine Brille, meine Augen, so gelungen, und die Zeichnung ist so humorvoll. Aber – völlig falsch! Ja?!"

In den Siebzigerjahren entstand eine neue Form des politischen Interviews: das so genannte „Ich-Interview". Eine Persönlichkeit, die zwei prominente Funktionen hatte, zwischen denen gewisse Spannungen bestanden, sprach mit dem anderen Ich. Herbert Vytiska, damals beim „Stern", sprach Bruno Kreisky an, ob er als SPÖ-Vorsitzender so ein Gespräch mit sich als Bundeskanzler führen würde. Kreisky gefiel die Idee recht gut, er bat sich aber Bedenkzeit aus. Nach drei Wochen kam der ersehnte Rückruf: „Also wissen S', ich würde das Interview ja gern machen. Aber in der Partei täten s' es net verstehen. Die würden sagen: ‚Jetzt dreht der Alte durch, jetzt redet er schon mit sich selbst.'"

*

Wenn Kreisky einmal wirklich böse auf einen Schreibknecht war, dann herrschte Eiszeit.

Ludwig Marton hatte sich eine Unbotmäßigkeit geleistet, und seitdem litt er. Kreisky ließ ihn „dunsten", drehte den Kopf ostentativ weg, wenn er ihn sah.

Als der hohe Herr einmal zu Ehren des ungarischen Ministerpräsidenten einen Heurigenabend gab, musste der in Ungnade gefallene „Lajos" Marton beruflich dabei sein. Er betrat das Lokal durch einen Nebeneingang, da ja beim Haupteingang der Bundeskanzler die Gäste empfing. Beim Aufbruch (die Ungarn waren schon gegangen) näherte sich der Regierungschef dem Redakteur, der wollte fliehen, fühlte sich jedoch am Arm herbeigezogen – und dann flüsterte der Staatsmann das Unglaubliche: „Das sag' ich im Vertrauen nur Ihnen, dem … würd' ich

Lueger, schau oba!, 1979
Norbert Steger

das nie sagen, der tät' des ja gleich schreiben." Was er dem Häufchen Elend anvertraute, war eine völlige Belanglosigkeit. Aber es war seine Art, verstehen zu geben: Alles vergessen, Schwamm drüber. Das Leben war wieder schön.

Ähnlich erging es Dieter Lenhardt vom „Kurier".

Der Redakteur saß nichtsahnend mit Kollegen in der „Milchbar" des Parlaments. Ein sichtlich verärgerter Kreisky, mit Sekretär, setzte sich ohne Umschweife an den Tisch. Unter immerhin acht Augen kam er sofort zur Sache: „Also, wenn der ‚Kurier' weiter so gegen uns … Ihre Leser, vielleicht wissen Sie's gar net, sind zu 57 Prozent Sozialdemokraten … wir brauchen nur die Gewerkschafter … was glauben S', was dann mit Ihrer Auflage … Ja!?" – Heute undenkbar, diese Drohung. Auch typisch Kreisky, dass sie damals denkbar war, wenn auch selten wirksam.

Wegen des Wortes „Schmutzkübel" in einer Glosse ließ Kreisky Redakteur Lenhardt verklagen. Der wurde verurteilt. Nachtragend, wie er war, ging er dem Kanzler wochenlang aus dem Wege, sogar das Pressefoyer mied er. Schließlich erspähte ihn Kreisky irgendwann in seinem Schmollwinkel: „Grüße Sie, no, jetzt haben wir uns lang net … Ich hab da was … kommen Sie!"

Dem Leiter der Wiener Redaktion der Grazer „Kleinen Zeitung", Kurt Vorhofer, diktierte Kreisky den Satz „Nein, kein Groschen für die Bauern!" ins Telefon. Vorhofer wusste: Wenn der „Alte" eine Aussage gesperrt hatte, etwa mit den Worten: „Das dürfen S' aber net zitieren", und man hielte sich immer sklavisch daran, dann wäre man in seinen Augen ein schlechter Journalist gewesen. Weil Vorhofer an diesem Tag sowieso keine bessere Geschichte auf Lager hatte, machte die „Kleine Zeitung" aus dieser doch halbvertraulichen Kreisky-Mitteilung den Aufmachertitel. – „Es gab einen ziemlichen Wirbel, und obwohl es Bundeskanzler Kreisky damals sehr unangenehm war – der Schock des gewaltigen Traktorenaufmarschs der Bauern saß ihm noch in den Knochen –, gab es keinen Protest von seiner Seite. Er ließ seine doch recht provokante Äußerung so stehen, wie sie eben von

Der nächste Schritt?, 1980
Hannes Androsch

uns gedruckt worden war." Nur nach einigen Monaten sagte er zu Vorhofer so nebenbei: „Also das war schon hart."
Hermann Wlczek leitete in den Siebzigerjahren eine Zeitlang die Redaktion der kleinen „Wiener Zeitung", die im Besitz der Republik stand – und steht. Die Zeitung hatte ein falsches Zitat gebracht. Ein wütender Kreisky wurde am Telefon von Wlczek sanft beruhigt: „Schau'n Sie, Herr Bundeskanzler, bei uns muss halt jeder alles machen, notfalls auch den Sport." Kreisky: „Was, an Sportteil habt's Ihr auch …?"

*

Julius Kainz sprach als Präsident der Zeitungsherausgeber beim Kanzler vor. Es war schon sehr spät, nach einem langen Parlamentstag. Kreisky entschuldigte sich, dass er sich „marod" fühle. – Ob man ein andermal kommen solle? – Nein, nein, für die Zeitungen habe er immer Zeit.
Kainz trug also vor, „aber schon nach wenigen Sätzen merkte ich, dass der Kanzler still und leise eingeschlafen war. Nach einem kurzen Augenkontakt mit seinem Kabinettschef legte ich dem schlafenden Bundeskanzler in 20 Minuten unseren ganzen Wunschkatalog dar. Schließlich schreckte er auf und fragte seinen Kabinettschef: ‚Du hast alles notiert?' Mit dem Versprechen, dass er unsere Anliegen voll unterstützen werde, ging dieser Besuch zu Ende. Ich war weder vorher noch nachher in meinem Lobbying für die Zeitungen so erfolgreich wie diesmal, denn der Bundeskanzler hat sich in allen Fragen minutiös an seine ‚Zusagen' gehalten."
Winter 1973/74. Kreisky urlaubt skifahrend am Arlberg, Dieter Lenhardt sitzt verzweifelt in der „Kurier"-Redaktion, ohne News, ohne gar nichts. Also ein Verzweiflungsanruf in Lech. Kreisky hebt sofort ab, ist froh über die Störung: „Ja, grüße Sie, fast wär' mir was passiert jetzt." Lenhardt wittert (Un-)Heil: „Herr Bundeskanzler, um Gottes Willen …" – „No, so arg war's ja net. Ich bin abgerutscht, ein Schneebrett … der Skilehrer hat

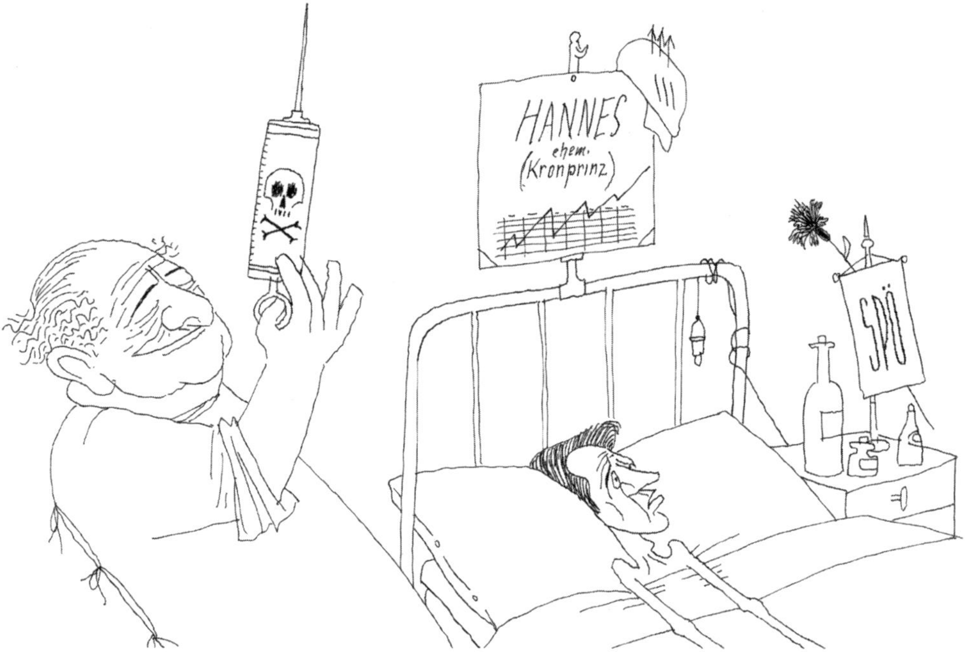

Euthanasie, 1980
Hannes Androsch

gemeint, es hätte gefährlich … um ein Haar …“ Danke, lieber Kreisky, jubelte der Redakteur innerlich! Schon war ihm ein Aufmacher für den Sonntags-„Kurier“ hereingeschneit.
„Kreisky mag wie ein Großbürger ausgesehen haben, beim Präsentieren und Formulieren seiner Geschichten dachte er jedoch wie ein hungriger Boulevardjournalist“, urteilt „Presse“-Feuilletonist Norbert Mayer: „Er war ein Schlagzeilen-Kanzler, der seine Klientel nachhaltig fütterte. Für diese postmoderne Neigung haben ihn die Journalisten aller Couleurs geliebt. Man darf annehmen, dass sowohl Kreiskys Vorspiegelung, die Journalisten befänden sich auf einer Ebene mit ihm, reine Berechnung war – so wie auch das devote Benehmen der Gegenseite, die diese Fiktion der gleichen Augenhöhe hoffentlich auch durchschaut hat.“

„Lernen Sie Geschichte!“

Wie Ulrich Brunner in die heimische Mediengeschichte einging

Das legendärste Zitat Kreiskys in Verbindung mit dem Journalismus ist wohl der Rüffel für ORF-Mann Ulrich Brunner vor laufender Kamera: „Lernen S' a bisserl Geschichte, Herr Reporter!“ Brunner traf dies deswegen ins Herz, weil er ein aufrechter Sozialist war.
Februar 1981: Der parlamentarische Untersuchungsausschuss zum Bauskandal beim Wiener AKH tagte schon monatelang ohne Ergebnis. Die VP wollte neue Zeugen laden, die SP lehnte ab. ÖVP-Obmann Mock beschwerte sich bei Bundespräsident Kirchschläger. Kreisky geriet darüber außer sich und polterte in den „Salzburger Nachrichten“: Der Bundespräsident sei kein Schiedsrichter über das Parlament, es drohe eine Verfassungskrise, vor allem sei der Bundespräsident kein „Justizkanzler“. Im darauffolgenden Pressefoyer am 24. Februar 1981 eskalierte

Hahnenkampf, 1980
Hannes Androsch

die Szene. Kreisky sah in dem Vorgehen eine Gefahr für die Wiederkehr der Dreißigerjahre. Den Hinweis, dass man das doch niemandem in Österreich unterstellen könne, parierte Kreisky mit dem Hinweis: „Angesichts des gestrigen Putschversuchs in Spanien fragen Sie mich das?“ Brunners Konter: „Wir sind aber nicht in Spanien, sondern in Österreich!“ Kreisky: „Ich habe die Justiztricks der Dreißigerjahre erlebt, und ich kann nicht früh genug warnen vor einer Wiederholung.“ Brunner: „Wir leben doch heute in einer ganz anderen politischen Situation.“ Kreisky explodierte: „Lernen Sie Geschichte, Herr Reporter!“ Alle weiteren Einwände wischte Kreisky weg. Dreimal wurde Brunner übrigens aufgefordert, Geschichte zu lernen. Und so ging der Ulli Brunner in die Mediengeschichte ein.

Die bekannte Story hat noch eine Pointe. Eigentlich war ja Gerhard Vogl verantwortlich für die „G'nackwatsch'n“, die Brunner bekam. Denn Vogl hatte diese „blöde Frage“ gestellt, die Kreisky in Wallung geraten ließ. Unbekannt ist, dass hernach Bruno Kreisky nicht Ulli Brunner zur Seite nahm, sondern Vogl: „Sie sind ein junger Mensch, Kollege Vogl, ich muss Ihnen das erklären …“ Am Ende der bevorzugten Behandlung meinte Ulrich Brunner beleidigt: „Is' eh klar! Mit mir Arbeiterkind red' er net. Aber mit dir bourgeoisem Generalssohn schon!“

Ulrich Brunner nahm sich Kreiskys bösartige Empfehlung zu Herzen: Er studierte nebenbei wirklich Geschichte. Und zwar bei Manfried Rauchensteiner. Der berühmte Professor fragte ihn bei der ersten Vorstellung: „Brunner, Brunner … Sind Sie vielleicht der …?“ Und der ORF-Mann: „Ja, ich bin der …“

*

Anfang der Siebzigerjahre leistete sich ORF-Redakteur Anton Mayer einen gebrauchten „Rover“, eine echte Staatskarosse. Auch der Bundeskanzler fuhr ein solches Auto privat. Mayer genoss es, über den Ballhausplatz zu fahren und lässig zu winken, wenn die Torwache wieder einmal stramm salutierte.

Regierungsumbau, 1980

Diesem „Toni" Mayer und Rudolf Nagiller gelang unter abenteuerlichen Umständen ein Interview, das – wie schon erwähnt – für hohe Wellen sorgte. Vom „Flugplatz" Trausdorf bei Eisenstadt weg steuerte „Wetterfrosch" Carl Michael Belcredi eine kleine Maschine, Copilot war Herbert Hamersky. Im Kärntner Hotel Werzer gewährte dann Kreisky sein Interview: Er fahre nicht mehr nach Kärnten auf Urlaub, „das kann i mir net leisten". Eiligst raste die ORF-Crew im Flugzeug zurück, über der Pack glaubten sie mitten in einem Unwetter, ihr letztes Stündlein habe geschlagen. Mit dem Taxi ging's von Eisenstadt ins Wiener Funkhaus – sie hatten es für die Schlagzeile in der abendlichen „Zeit im Bild" geschafft! 1972 gab es einen der seltenen Auftritte Kreiskys vom Rednerpult des Nationalrates aus: Er plädierte leidenschaftlich für die zweisprachigen Ortstafeln, die er schließlich auch per Gesetz durchboxte. Bedenken, dass die Kärntner revoltieren könnten, tat er als lächerlich ab. Als es daraufhin zu wütenden Ausschreitungen in Südkärnten kam, war plötzlich alles anders für Kreisky. Ein Anruf im Sonntagsdienst: „No, Herr Redakteur, jetzt hamma's. Hab i' Ihnen das net immer prophezeit?" Hatte er natürlich nicht.

„Die Polen sollen weniger streiken, sondern mehr arbeiten." Die „Kronen Zeitung" brachte die an den Stammtischen sehr geläufige Aussage des Kanzlers auf Seite 1. „profil"-Redakteur Otmar Lahodynsky berichtete damals direkt aus den Kohlebergwerken bei Katowice (Kattowitz). Um dem ausländischen Reporter die Arbeitsbedingungen zu zeigen, schleuste ihn die Solidarność in eine der berüchtigsten Zechen ein. Auf allen vieren kriechend müssen sich die Kumpel direkt neben dem ratternden Förderband bei Hitze und Staub hunderte Meter bis zur Bohrmaschine vorwärts bewegen. Dort, am Beginn des Flözes, stellten die Bergarbeiter den Journalisten aus Österreich zur Rede. „Du kommst aus Österreich? Glaubst du jetzt auch, dass wir Polen zu wenig arbeiten?", fragten die Kumpels den Besucher. „Sag Kreisky und den Österreichern, wie hart wir hier arbeiten müssen."

Krokodilstränen, 1980
Hannes Androsch

Ganz am Rande hatte sich der Nichtmilitär Kreisky auch mit der Beschaffung von Abfangjägern zu beschäftigen. Das war nicht ganz einfach, weil in der eigenen Partei die Meinungen durcheinandergerieten. Dem ORF-Wehrexperten Walter Seledec gegenüber öffnete der geplagte Kanzler einmal sein Herz: „Wissen S', Herr Redakteur, wenn wir in der Nachbarschaft einen kleinen Krieg hätten, dann wären plötzlich alle dafür.“

*

Thomas Bernhard war von 1952 bis 1955 schlecht bezahlter Gerichtssaalreporter der Salzburger SPÖ-Tageszeitung „Demokratisches Volksblatt“. In den Achtzigerjahren warf dann der inzwischen berühmt gewordene Autor in einem Zeitungsartikel dem von den Medien verwöhnten Kanzler unter anderem vor, „dass es von ihm nicht eine einzige große Rede, nicht einen einzigen großen Aufsatz gibt, der über simple Wahlkampfrhetorik hinausgeht“. Ein seinerzeitiger SPÖ-Redaktionskollege empfand das als grobe Undankbarkeit: „Und dem haben wir oft eine Wurstsemmel gekauft!“

Kreisky selbst nahm Bernhards Attacke hingegen gelassen: „Na, wenn's ihm gesundheitlich nützt.“

Die Meinung Bernhards wurde allerdings von dem sozialdemokratischen Politikwissenschaftler und Sozialphilosophen Norbert Leser durchaus geteilt: Kreiskys „schriftliche Auslassungen und literarisch-politische Beiträge nehmen sich, wenn man sich die vom Willensmenschen ausgehende Wirkung wegdenkt, eher schütter und gedanklich dürftig aus“. Geschrieben hat er dies zwei Jahre nach Erscheinen der fast 500-seitigen Autobiographie Kreiskys, „Zwischen den Zeiten“. Dabei hatte Kreisky den Politologen in dessen Anfangszeiten nicht nur gefördert, sondern auch mit Lob überschüttet: „Du bist der Einzige, dem es um die Sache geht“, erinnert sich Leser.

Ansonsten war Kreisky mit vielen Künstlern, Wissenschaftlern und Intellektuellen durchaus freundschaftlich verbunden, so

Der alte Zauberer, 1980

mit dem amerikanischen Komponisten und Dirigenten Leonard Bernstein, der Kreisky charakterisierte als „unheilbaren Optimisten, den nichts entmutigen kann. In meinen Augenblicken der politischen Verzweiflung ist er für mich eine Quelle der Erfrischung und des Mutes.“ Auch der durch und durch konservative „Presse“-Chefredakteur Otto Schulmeister war trotz aller ideologischen Gräben ein Fan: „Ja, er war ein Großösterreicher, einer also, der Österreich nicht als Summe seiner Quadratkilometer verstand.“

*

Bruno Kreisky und die „Presse“ – ein weites Feld und ein ambivalentes Liebesverhältnis. Der Sozialist aus großbürgerlichem Haus wäre ja selbst am liebsten Journalist geworden, wenn schon nicht bei der „NFP“, dann bei der „Arbeiter-Zeitung“. In bezaubernder Art erzählte er, wie er der böhmischen Köchin die „Neue Freie Presse“ vorlas – und sich damit gleich selbst in der schwierigen Fraktur übte. Berührungsängste mit der „bürgerlichen“ Zeitung hatte er auch als Politiker nie. Im Gegenteil: Er fütterte sie vorsätzlich mit News, sehr zum Ärger der „AZ“-Leute, die sich um ihren vermeintlichen Vorteil geprellt sahen. So saß der Chefredakteur der „AZ“ zwar als kooptiertes Mitglied im Parteivorstand. Aber er war an die Vertraulichkeit gebunden, während Kreisky ganz ungeniert mit den ihm verbundenen „bürgerlichen“ Journalisten telefonierte.

1973 bereitete sich „Die Presse“ auf die Feier ihres 125-jährigen Bestehens vor. Kulturredakteur Franz Endler übernahm die künstlerische Ausgestaltung und schaffte es, die Wessely, den Hörbiger (den Attila), Otto Schenk und Michael Heltau auf die Bühne des Theaters in der Josefstadt zu bringen, Leonard Bernstein sandte eine Komposition, und die Zeitung druckte anderntags ganz bescheiden eine „Gästeliste“ ab: Alle Regierungsmitglieder, alle Rektoren, viele Botschafter, alle Chefredakteure der anderen Blätter waren erschienen. Und nach dem Bundes-

Der Meister, 1980

präsidenten war Kanzler Bruno Kreisky der Star der Matinee. Davor allerdings war Krisenintervention vonnöten. Denn die Zeitung hatte mit einem satirischen Beitrag den „Sonnenkönig" schwer verärgert. Er soll getobt und sein Erscheinen abgesagt haben, tuschelte man. Tatsache ist, dass die Matinee im Theater in der Josefstadt wie geplant stattfand – mit dem Staatsmann. Und wie! Auf offener Bühne packte er umständlich ein gerahmtes Bild aus. Das sei sein persönliches Geschenk an die Zeitung: Der Stich zeigte den k. u. k. Ministerpräsidenten Graf Berchtold in seinem Ohrensessel selig schlafend. Auf seinem Schoß: die „Neue Freie Presse". Kreisky schmunzelnd: „Er war halt schon sehr alt, der Herr Graf!" Das Blatt sei in der Monarchie, so scherzte der SPÖ-Vorsitzende in seinem Schlusswort, „liberal, aber durchaus regierungsfreundlich" gewesen. „Dass sie es heute nicht mehr ist, darüber wachen so manche hier im Zuschauerraum. Aber hie und da weht ein Hauch davon noch durch die Spalten. Wer da wohl verreist sein könnte, frage ich mich dann …" – Und zum Schluss: „Ich besorg' mir in der Trafik immer alle Zeitungen, die ‚AZ'" – die es damals noch gab –, „den ‚Kurier', auch die ‚Krone'. Ich lege sie alle in die ‚Presse' hinein, und wenn ich dann geh', sieht man nur die ‚Presse'. Worauf sich jeder sagt: Ein anspruchsvoller Mensch geht da von dannen …"

Wie man Mäuse fängt

Der Kanzler war sein eigener PR-Agent – und zwar ein guter

Anders als heutige „Medienstars" hatte Kreisky auch im privaten Gespräch etwas zu sagen. So stellte ihm Dieter Kindermann einmal die Gretchenfrage: „Und wie haben Sie es denn mit der Religion, Herr Bundeskanzler?" Kreisky: „Ich bin Agnostiker, also kein Atheist, kann gewisse Vorstellungen, die religiöse

Der Brandstifter, 1980
Karl Blecha

Menschen besitzen, nicht teilen. Ich habe erst kürzlich in der Tübinger Stiftskirche den Vortrag eines Theologen gehört, der sich mit der Existenz Gottes auseinandergesetzt hat. So sehr ich seine intellektuelle Leistung bewundert habe und so sehr ich mir vorstellen kann, dass es so ist, wie er es dargestellt hat, kann ich nicht sagen, ein gläubiger Mensch zu sein. Aber ich respektiere zutiefst den Glauben anderer und werde alles unternehmen, damit auch andere ihn respektieren."

*

„Büro des Bundeskanzlers. Grüße Sie. Ich verbinde!" – Wer beschreibt das beseligende Herzflattern, das in der Ära Kreisky jeden Redakteur befiel, wenn ihn diese berühmten sieben Worte der Chefsekretärin Margit Schmidt ereilten – abends daheim, sonntags im Dienst, tagsüber, wenn man bis über die Ohren in Arbeit steckte. Schrullig waren sie oft, diese Anrufe, berechnend, ausufernd, detailverliebt. Brummelndes Lob etwa über die Krawatte, die man tags zuvor im Pressefoyer getragen hatte („Sie werden sehen, die schmalen Krawatten kommen wieder. Nur nix wegschmeißen!"). Oder eine Beschwerde über Kollegen anderer Zeitungen. Und bisweilen geradezu grotesk. Dann nämlich, wenn ihn „sein Geschwätz von gestern" schon lang nicht mehr interessierte.

Ein Genieblitz kam Kreisky – wie so oft – nächtens. Und anderntags hatten seine Sekretäre ihre liebe Not damit.

Wir waren in Hallein auf Wahlreise. Vor der Weiterfahrt schilderte ihm eine Genossin, wie teuer am Land die Schulfahrt sei. Ob er das nicht auch als eine Ungerechtigkeit empfinde? Der Parteichef schien aber mit Gedanken ganz woanders zu sein. Wochen später musste ein völlig verzagter Pressesekretär Johannes Kunz die Halleiner Dame ausfindig machen. Kreisky wünschte sie zu sehen. Das Treffen gelang tatsächlich – und kurz darauf kam es zur Einführung der Schulfreifahrt.

Eine staatliche Parteienfinanzierung gab es damals noch nicht.

Besuch bei Helmut, 1980
Helmut Schmidt

Kreisky wollte schon lang vom finanziellen Gängelband der Gewerkschaft wegkommen. Aber wie konnte er staatliche Gelder für die Parteien bewilligen lassen, ohne alle unabhängigen Zeitungen sofort gegen sich zu haben? Ganz einfach: Er schlug parallel dazu eine staatliche Presseförderung vor. Ein genialer Trick, denn so konnten die Zeitungen schwer gegen die Parteisubventionen anschreiben.

Einladungen bei den Kreiskys in der Armbrustergasse waren beliebt und begehrt. Man leistete sich als Chefredakteur schon einmal einen neuen Anzug für diesen Anlass. So auch „Kurier"-Chef Hugo Portisch.

Für Sonntag, 15 Uhr, hatte Kreisky zur Gartenparty eingeladen. Kurz davor hatte ein Platzregen den Park des Anwesens in eine Schlammwüste verwandelt – doch dann kam die Sonne wieder. Der Gastgeber erschien, wenn auch mit einiger Verspätung, frisch aus der Dusche. Kreiskys Boxerhund freute sich so über die Ankunft seines Herrls, dass er den blütenweißen Sommeranzug von Hugo Portisch über und über mit Dreck bespritzte. – „Ja, ja, mein Hund", kommentierte Kreisky ohne jedes Mitleid. Erst nach einer Pause: „Na, schicken S' mir halt die Putzereirechnung, Herr Doktor."

Lange nach Mitternacht, wenn sich die Gäste verabschiedet hatten, führte Kreisky gern seine Hunde noch einmal äußerln. Wir Journalisten durften ihn begleiten. Am Oberen Schreiberweg, wo fast jeder Villenbesitzer Hunde hielt, setzte jedes Mal ein infernalisches Gebell ein, wenn sich Kreiskys Kampftruppe näherte und so die noble Anwohnerschaft aus dem Schlafe riss. „Das ist meine Rache an der Bourgeoisie", schmunzelte der Kanzler dann zufrieden.

*

Irgendwann in den Siebzigerjahren. Beim Spätdienst-Redakteur der Grazer SPÖ-Zeitung „Neue Zeit" läutete das Telefon, es meldete sich eine sonore Stimme: „Hier Kreisky." Der Redak-

Mühsam, 1982

teur, offensichtlich genervt von diversen Kollegen-Scherzen, knallte den Hörer zurück auf die Gabel mit dem zornigen Ruf: „Ja, ja! Und i bin der Heilige Vatta!“ Kaum eine Minute später klingelte es erneut, und womöglich noch eine Nuance tiefer und langsamer hieß es: „Hier spricht aber wirklich Bruno Kreisky.“ Dass sich der arme Journalist nun wie ein Wurm gewunden hat, kann man sich vorstellen. Der „Sonnenkönig“ nahm das Missverständnis mit Humor.

*

Auch Redakteure sind Menschen, wollen Anerkennung, möchten geliebt sein, brauchen Zuwendung. Bruno Kreisky verstand dies – und nützte es schamlos aus. Bisweilen übertrieb er dabei. Interviewtermin beim „Alten“ am späteren Nachmittag. Ein „g'standener“ „Presse“-Redakteur und ein „Frischg'fangter“ (der das Tonbandgerät beaufsichtigen durfte) nickten schon zwei Stunden lang brav zu Kreiskys weit ausholendem Monolog über Nahost, die Sozialversicherung, China, die USA und Mohnnudeln. Margit Schmidt, die treue Seele, steckte den Kopf zwischen den Türspalt: „Herr Bundeskanzler, Ihr nächster Termin!“ – „Wer is' es denn?“ – „Der Herr Bundespräsident wartet.“ – „Ja, der muss jetzt warten. Ich hab da die zwei Herren von der Presse. Ja?“ – Kreisky alterierte sich nun die nächste halbe Stunde über Journalisten von der Konkurrenz: „Der ..., so was von schäbig! Da kann ich nur sagen, meine Herren, pfui Teufel! Ja Sie, Sie sind nobel, anständig, da weiß man, wo Sie stehen, aber der ..., no der kriegt kein Interview mehr. Ja?“ – Schon wieder Margit Schmidt: „Herr Bundeskanzler, der Herr Bundespräsident hat anrufen lassen ...“ – „Na so, wir sind's ja eh glei'.“ Als die zwei Redakteure schließlich erschöpft, aber glücklich über den Ballhausplatz schritten, fiel ihr Blick hinüber zu den Räumlichkeiten des Präsidenten. Alles finster, totenstill. Ob ihm die Geduld gerissen war, oder ob Kreisky mit Margit Schmidt einen besonders abgefeimten

Aus dem leeren Topf, 1981
Herbert Salcher

Trick angewandt hatte? Die freundliche Frau Schmidt schweigt bis heute. Wie ein Grab.

Kreisky prahlte gerne damit, dass er alle Journalisten beim Namen kennen würde. Als Karl Amon, inzwischen Direktor des ORF-Radios, am Beginn seiner Laufbahn zu einem Interview beim Kanzler kam, stellte er sich artig vor: „Amon, ORF." Kreisky winkte gönnerhaft ab: „Nicht nötig. Ich kenn' Sie doch, Herr Hohmann!"

Bei einer Pressekonferenz ging der Kanzler auf einen unbekannten jungen Mann zu: „Für welche Zeitung schreiben Sie?" – „Inspektor Sedlacek. Staatspolizei, Herr Bundeskanzler."

I weiß net", grantelte Kreisky zu seinem Pressesekretär Johannes Kunz, „der blade Kameramann vom ORF, des muss a Schwarzer sein. Der nimmt mi' immer so schiach auf." Gemeint war Heinz Lazek, Sohn eines einst berühmten Schwergewichtsringers und von ebensolchem Körperbau. Kunz begab sich auf Recherche. Die ergab allerdings, dass Lazek kurz zuvor die höchste SPÖ-Auszeichnung, die Victor-Adler-Plakette, verliehen worden war.

*

„In Zeiten wie diesen" wurde zum geflügelten Wort, wobei nie ganz klar war, ob das was Schlechtes oder vielleicht gar nichts bedeutete.

Einprägsam war aber auch die Wortschöpfung des „Krone"-Innenpolitikers Hans Mahr, der nach einem Interview in Lech Kreisky erstmals als „Sonnenkönig" apostrophierte. Das wieder stieß dem Polemiker Thomas Bernhard sauer auf. Er replizierte: „Höhensonnenkönig".

Was Medien mit Verkürzungen alles anrichten können – ein kleines Exempel: Schon Mitte der Siebzigerjahre hatte Kreisky eine Art Sparbuchsteuer überlegt. Finanzminister Androsch war hinhaltend. Die Medien machten daraus – simplifizierend – den Begriff „Quellensteuer". Worauf im Kanzleramt der Brief

Zwei „Kaiser" in Wien, 1981
Helmut Schmidt

eines Innviertler Bauern eintrudelte: Er sei Besitzer mehrerer Quellen auf seiner Liegenschaft und habe bisher immer Kreisky gewählt. „Aber wenn Sie jetzt meine Quellen besteuern, dann ist es aus mit der Freundschaft!"

*

Udo Bachmair, Mitarbeiter im ORF-Studio Salzburg, war an einem heißen Tag Ende der Siebzigerjahre in furchtbarem Zeitdruck. Er sollte für die Mittags-Landesrundschau über die Rede berichten, mit der der Bundeskanzler ein internationales Symposion auf Schloss Kleßheim eröffnen wollte. Kreiskys Auftritt war für 11 Uhr angesetzt. Ein stressiges, nahezu tollkühnes Unternehmen für einen Redakteur, denn der „Sonnenkönig" hatte auch noch Verspätung. Endlich, da stieg er gemütlich aus der Limousine! Um halb zwölf! In aller Ruhe und Selbstsicherheit, händeschüttelnd und Smalltalk brummelnd, bewegte er sich zum Saal. Bachmair fasste allen Mut zusammen: „Mein Name ist Udo Bachmair, ORF, ich bin in großer Eile, könnten Sie mir bitte, Herr Bundeskanzler, vorweg den Inhalt Ihrer Ausführungen verraten?" Der Kanzler war zunächst verblüfft, dann überlegte er kurz und beruhigte den ORF-Anfänger: „Warten S', a Momenterl, das hamma glei'." Aus dem Sakko fischte er sein Manuskript hervor: „Da hams des Papierl, i brauchs eh net, weil i eh immer was anderes sag', als da steht. Aber lassen Sie sich net irritieren durch meine handschriftlichen Vermerke, können S' sicher was anfangen damit." Manuskriptlos verließ er den Schauplatz des Bachmair'schen Überfalls in Richtung Saal, um das schon ungeduldige Publikum endlich zufriedenzustellen. Der ORF-Bericht, gewürzt mit „echten" Kreisky-Zitaten, ging auf Sendung. Gottlob erfuhr der arme Redakteur erst danach, dass Kreisky noch immer redete, als der Radiobeitrag längst zu Ende war.

Budget „zum Herzeigen", 1981
Herbert Salcher

Die liebe Opposition

„Leben und leben lassen“ galt nur sehr marginal

Bis 1972 waren Politikerbezüge steuerfrei, was immer wieder auf Kritik stieß. Kreisky führte die Besteuerung ein, aber gleichzeitig gab's eine Erhöhung der Bruttobezüge, sodass viele ältere Abgeordnete plötzlich netto mehr hatten als früher brutto. Die jungen Abgeordneten waren erbost, mussten aber zähneknirschend zustimmen – mit Ausnahme des FPÖ-Abgeordneten Stix. Als der seine Rede beendet hatte, applaudierten ihm die Jüngeren aus allen Fraktionen.

Nach der Abstimmung saßen sie in der berühmten „Milchbar“ des Parlaments und redeten sich ihren Frust von der Seele, als Kreisky zu ihrem Tisch kam: „Ah, da sitzen ja die Applaudierer!“ Väterlich wollte er die Sache nochmals erklären. Der Abgeordnete Walter Schwimmer widersprach ihm. Geduldig probierte es Kreisky noch einmal: „Schau'n Sie, Herr Kollege, Sie werden schon noch draufkommen, dass man den größten Teil seines Bezugs wieder für die Funktion ausgibt. Ich selbst zum Beispiel brauche mehr als die Hälfte meines neuen Nettobezuges für meinen Amtssitz“, womit er die bekannte Villa in der Armbrustergasse meinte. Schwimmer war als Sozialexperte ein guter Kopfrechner: „Herr Bundeskanzler, da waren Sie bisher ja richtig arm dran, weil Sie die Villa bisher sogar drei Viertel Ihres Einkommens gekostet hat.“ So viel Unverständnis für die materiellen Sorgen eines Bundeskanzlers war Bruno Kreisky zu viel. Er stand auf und verließ wortlos die Milchbar.

Ein Streit über die Agrarpolitik entstand und der Bauernbund organisierte eine Demonstration auf dem Ballhausplatz. Traktoren fuhren auf und zornige Landwirte warteten, was eine ÖVP-Delegation berichten würde, die von Kreisky in seinen Amts-

Wie gewonnen, 1981

räumen empfangen wurde. „Während wir unseren Standpunkt dem Bundeskanzler vortragen wollten, ertönten draußen Protestrufe, Hupsignale und Pfiffe, die bis zu uns recht merkbar heraufdrangen“, erzählt der damalige VP-Generalsekretär Herbert Kohlmaier. Daraufhin wurde Kreisky böse – vielleicht auch ein wenig nervös – und erklärte mit kurzen Worten, dass das, „meine Herren“, so nicht gehe und die Vorsprache beendet sei. „Er erhob sich und verschwand“, sagt Kohlmaier. „Womit uns auch nichts anderes übrigblieb.“

*

Als Bezirksparteiobmann der ÖVP in der Leopoldstadt hatte Walter Schwimmer 1974 Meinungsbildner zu einem Gespräch mit ÖVP-Chef Karl Schleinzer eingeladen. Der kam mit Verspätung und bat um eine kurze Verschnaufpause. Schwimmer merkte, der Mann war anders als sonst. „Geht es dir gesundheitlich nicht gut? Sollen wir das Gespräch kurz halten, oder gar absagen?“ – „Nein, nein. Ich bin schon in Ordnung und völlig gesund. Aber ich muss mich erst etwas fangen. Ich komme gerade von einem Vier-Augen-Gespräch mit Kreisky. Und stell dir vor, sogar unter vier Augen sagt der mir unverfroren in einer Sache die Unwahrheit ins Gesicht, obwohl er weiß, dass ich den richtigen Sachverhalt genau kenne!“ Der 1975 verstorbene Karl Schleinzer, der Aufrichtigkeit über alles schätzte und sogar plakatieren ließ: „Politik muss ehrlich sein“ – und das auch so meinte –, war wirklich fassungslos über dieses Erlebnis.

Johannes Kunz, der als langjähriger Kreisky-Pressesekretär selbst zur Legende wurde, dürfte den folgenden Witz selbst unter die Leut' gebracht haben:

Der Kanzler und der ernste Oppositionschef Schleinzer gingen angeln. Und siehe da: Schleinzer zog als Erster einen kapitalen Karpfen heraus. Als er den Fisch totschlug, schrien die Umstehenden: „Mörder!“ Dann Kreisky: Er löste seinen Fang vorsichtig vom Haken und streichelte ihn. Lange und ausdauernd.

Aufpäppelung, 1981
Karl Blecha

Schleinzer fragte, was das zu bedeuten habe. Kreisky darauf: „Die Zuschauer freuen sich über meine Tierliebe. Und hin wird der Karpf' genauso gut."
Nicht nur mit dem Tiroler Landeshauptmann Eduard Wallnöfer von der ÖVP verstand sich der Sozialist Kreisky bestens. Er schätzte auch andere Christdemokraten – wenn sie was zu sagen hatten.
Ein solcher war zweifellos der bayrische Ministerpräsident „Franz Josef Strauß I.". Botschafter Friedrich Bauer erinnert sich des offiziellen Kreisky-Besuchs 1980 in der Bundesrepublik Deutschland, wo er nach Absolvierung des protokollarischen Teils ein Flugzeug charterte, das ihn – außer Programm – nach München brachte. Man kannte einander ja vom alljährlichen Opernball. Im Gespräch mit Strauß persiflierte Kreisky den deutschen Verkehrsminister Volker Hauff zum Gaudium des Bayern unnachahmlich. Strauß brummte dazu nur schwer Verständliches. „Es klang wie Esel oder Dummkopf", sagt der Diplomat Bauer.
Der Bau des Marchfeldkanals zur Bekämpfung der Wassernot in der Kornkammer Österreichs war fast ein Jahrhundert lang das Wunschprojekt der Bauern. Landeshauptmann Siegfried Ludwig wollte ihn endlich verwirklichen. So forderte er Kreisky direkt heraus: „Herr Kanzler, Sie sind seit Jahrzehnten niederösterreichischer Mandatar, aber Sie haben für das Land eigentlich noch nicht viel getan, ich denke jetzt nur einmal an den Marchfeldkanal." Kreisky, leicht irritiert, fragte Bautenminister Sekanina: „Karl, was würde der Kanal kosten?" Nach einer kurzen Rückfrage meinte der Minister: „So an die zwei Milliarden Schilling." – „Na, dann bau'n mir ihn halt", sagte Kreisky gönnerhaft. Womit Kreiskys lockerer Umgang in Geldfragen diesmal den Niederösterreichern zugutekam.

Auch Sixtus Lanner machte als ÖVP-Generalsekretär Erfahrungen mit den „zwei Gesichtern" des Staatsmannes.

Die große Nummer, 1981
Alois Mock

Die schlechte zuerst: Als in Österreich ruchbar wurde, Kreisky lasse sich auf Mallorca ein Ferienhaus errichten, redete sich der junge Lanner im Nationalrat in einen Wirbel: Doktor Kreisky sei ein schlechter Österreicher, weil er im Ausland Arbeit schaffe, statt dass er sich irgendwo im Waldviertel ansiedle. Bruno Kreisky ließ ihm höchst verärgert mitteilen, dass er ihm nie mehr im Leben die Hand geben werde. Das ließ sich freilich nicht ganz vermeiden. Bei der nächsten Verhandlung warteten die Reporter gespannt, wie der „Alte" reagieren würde. So reichte er Lanner zwar die Hand, murmelte aber: „Kommt nicht vom Herzen, das mach' ich nur für die Medien."

Verhandlungstechnisch konnte Lanner von dem um mehr als 20 Jahre älteren Bruno Kreisky einiges lernen.

Eine Bauerndelegation verhandelte mit dem Kanzler in dessen Büro. Am Ballhausplatz standen bäuerliche Demonstranten, im Stiegenhaus des Kanzleramts lauerten Reporter. Man war sehr rasch handelseins, die Delegation bedankte sich und wollte gehen. – „Meine Herren", hielt sie Kreisky zurück, „des wär' net g'scheit, wenn Sie jetzt schon gehen. Ihre Leut' würden glauben, Sie haben nicht hart genug verhandelt. Und meine Leut' würden mir Nachgiebigkeit vorwerfen. Wissen S' was, jetzt bestellen wir uns Würsteln und dann erzähl' ich Ihnen was vom alten Figl." Gesagt, getan. Kreisky gab Anekdoten zum Besten, und nach zwei Stunden konnte Lanner den Demonstranten erklären, wie hart man Kreisky zugesetzt hatte.

Lanner wohnte eine Zeitlang in der Eroicagasse, in direkter Nähe zur Kreisky-Villa. Beim Heimfahren sah er den Kanzler vor seinem Haus stehen, kurbelte das Autofenster herunter und grüßte freundlich. Kreisky: „Aha, der Lanner! Bei Tag ärgert er mich, in der Nacht ist er freundlich!"

Verhandlungspech gab es auch für Lanner. Vor einer heiklen Aussprache im Kanzlerbüro bekamen sämtliche Bauernvertreter von Lanner gewisse Rollen zugeteilt. Dem Vorarlberger Vertreter wurde eingeschärft: „Du schaust möglichst grimmig. Aber

Politisches Klima, 1981
Norbert Steger, Alois Mock

reden darfst nichts!" Zum Schrecken aller ergriff ausgerechnet dieser „Grimmige" plötzlich das Wort und – lobte Kreisky. Die übrigen Delegierten fielen ihm ins Wort, wollten ihn zum Schweigen bringen. Was Kreisky höchst amüsiert konterte: „Meine Herren, so lassen S' ihn doch reden. Sie glauben gar nicht, wie viel Lob ich vertragen kann."

*

1975 sollte im Fernsehen ein Unterhaltungsprogramm besonderer Art über die Bühne gehen: das Duell der beiden Spitzenkandidaten Bruno Kreisky und Josef Taus, dem neubestellten Obmann der ÖVP. Viele Journalisten meinten im Vorfeld, der versierte Bankfachmann und frühere Staatssekretär (für die Verstaatlichte Industrie zuständig) werde den Kanzler in die Enge treiben. Zumindest werde er Punkte wettmachen können. Kreisky ließ sich durch das Trommelfeuer im Vorfeld der großen Auseinandersetzung nicht aus der Ruhe bringen. „Ich bereitete für den Chef einige Unterlagen vor, weil er von sich aus nie darum gebeten hätte", erinnert sich sein Kabinettschef Reiter. Diskret wurde die Mappe auf Kreiskys Schreibtisch deponiert, aber das interessierte ihn nicht. Bei der Autofahrt auf den Küniglberg, „zwischen zwei Ampeln", erinnerte sein Pressesekretär Johannes Kunz den Chef, dass sich in dem Aktenordner auch ein Prospekt befinde, den Josef Taus für ausländische Investoren verfasst hatte. Da lobte der Generaldirektor der Girozentrale den Standort Österreich über den grünen Klee. Als Kreisky dann vor laufender Kamera diesen Prospekt hervorzauberte und episch lang daraus zitierte, war das Match gelaufen.

Auch die Inszenierung ist bei derartigen TV-Duellen eminent wichtig. Kreisky entnervte damals seinen naturgemäß sehr nervösen Widerpart, indem er ständig die Brille auf- und absetzte, lautstark in diversen Papieren kramte und ein Blatt fallen ließ. Taus als der wesentlich Jüngere war gezwungen, es aufzuheben und über den Tisch zu reichen. „Dank Ihnen schön", brummel-

Die Finanzspritze, 1981

te Kreisky – und auch das war inszeniert, wie Karl Blecha sagt: Der damalige Zentralsekretär und Meinungsforscher habe seinem Chef zu diesem Trick geraten. Das war großes Theater, eine meisterhafte Verhöhnung bis hin zur inszenierten Verwechslung: „Herr Dr. Klaus ... Taus". Meist aber hat Kreisky einfach nur ausführlich sinniert, nach der melodisch gebrummten Einleitung „Ich bin der Meinung ...", nach einem verständnisvollen „Schau'n Sie ..." wurde es meist unterhaltsam. Doch wirklich tödlich wirkte dann Kreiskys klassischer Sager: „Schau'n S', tun S' doch net dauernd wie ein Oberlehrer mit dem Finger zeigen. Das wollen die Leut net." Da jauchzte eine ganze Nation. Josef Taus erkennt dies heute neidlos an: „Auch wenn's mich nicht freut – er war der erfolgreichste Parteiführer weit und breit."

1978 glaubte der alte Fuchs, zwei Fliegen mit einer Klappe zu schlagen. Er bot dem oppositionellen Klubobmann Stephan Koren von der ÖVP an, Präsident der Nationalbank zu werden. Und Koren nahm tatsächlich an. Damit hatte Kreisky den klügsten und unangenehmsten ÖVP-ler elegant „entsorgt". Gleichzeitig glaubte er, mit dem Wirtschaftsprofessor eine währungspolitische Achse gegen seinen ungeliebten „Kronprinzen" Hannes Androsch zimmern zu können. Doch diese Rechnung ging nicht auf. Koren war fachlich auf Androschs Seite. Als der Nationalbankpräsident einmal verzweifelt bei ÖGB-Chef Benya anklopfte und ihm sein Leid mit den zwei Streithähnen klagte, sagte der mächtige Benya nur lapidar: „Im Zweifelsfall halten Sie sich an den Finanzminister!"

Bei einer anderen Gelegenheit verließ Koren kopfschüttelnd das Kanzlerbüro und stieß im Stiegenhaus auf den „schwarzen" Sektionschef Herbert Neumayer. Koren schilderte Kreiskys krause wirtschaftspolitische Weltsicht und schloss völlig konsterniert: „Mir ist angst und bang geworden."

Kreisky pflegte im Gespräch mit prononcierten ÖVP-lern, deren festes Fundament im katholischen Glauben bekannt war,

Das UN-Zentrum
wird NICHT
sicher gebaut!

Pro Wien!, 1981
Erhard Busek

folgende Ausdrucksweise zu verwenden: „Sie, Herr Kollege, Sie haben es ja leicht, Sie besitzen die Gnade des Glaubens. Ich aber bin Agnostiker und lebe in Ungewissheit über das göttliche Wirken.“
Für Friedrich Peter, der mühsam versuchte, die FPÖ über der „Hochwassermarke“ zu halten, damit sie nicht aus dem Nationalrat verschwinden würde, hatte Kreisky durchaus Sympathien. „Sie setzen zu viel auf die nationale Karte“, riet er dem freiheitlichen Parteiobmann, „versuchen S' doch einmal die liberale.“ Peter hielt sich an den Rat. Die Wählerstimmen vermehrten sich dadurch aber auch nicht.

*

1980 – die Krise der verstaatlichten Stahlindustrie war auf ihrem Höhepunkt – machte der steirische Landeshauptmann Josef Krainer jun. den Eigentümer, also den Bund, für die schweren Probleme haftbar. Kreisky erkannte das politische Potential der Auseinandersetzung. Also setzte er in Leoben eine Obersteiermark-Konferenz an. Bei der Anreise machte er einen Abstecher in die Burg nach Graz, um Krainer in seinen Attacken zu neutralisieren. Es wurde in der Sache, aber auch über vielerlei anderes geredet – Kreisky erzählte auch Anekdoten, um den Landeshauptmann friedlich zu stimmen. Schließlich bat er, mit Krainer im Dienstwagen nach Leoben mitfahren zu dürfen, weil sein Wagen ohnehin schon so alt sei und man weitere Einzelheiten besprechen könne. So geschah es auch. Bei der Konferenz in Leoben saß Kreisky am Podium, Krainer im Publikum. Schließlich wurde eine Studie bei den Wirtschaftsforschern in Auftrag gegeben. Als diese dann eineinhalb Jahre später der Öffentlichkeit vorgestellt wurde, hatte Krainer inzwischen eine Landtagswahl mit absoluter Mehrheit gewonnen. Damit hatte er für Kreisky gleiche Augenhöhe erreicht. K & K saßen gemeinsam am Podium.
Andreas Koller war als Publizistik-Student erstaunt über den rüden Umgangston Kreiskys mit der ÖVP im Parlament. Lehr-

Drei Steuermusketiere, 1981
Anton Benya, Herbert Salcher

beauftragter Wilhelm Czerny, zugleich allseits geachteter Parlamentsdirektor, hatte seine Hörer zwecks Anschauung in eine Nationalratssitzung mitgenommen. Es herrschte gerade große Aufregung, weil kurz zuvor Kreisky den libyschen Revolutionsführer Gaddafi zu einem Österreich-Besuch eingeladen hatte. Im Parlament musste sich Kreisky dazu unangenehme Fragen der ÖVP gefallen lassen. Die Studenten saßen auf der Besuchergalerie und wurden Zeugen, wie Kreisky schließlich der Kragen platzte und er in Richtung ÖVP giftete: „Meine Herren, Sie brauchen sich nicht zu echauffieren. Als der Gaddafi in Wien war und Ihre Wirtschaftsleute mit ihm Geschäfte machen wollten – da gab es keine Körperöffnung, durch die sie ihm nicht hineingekrochen sind." Das alles in seiner unnachahmlichen Art dahingebrummt, aber trotzdem unmissverständlich. Daraufhin großer Wirbel, ein ÖVP-Mandatar rief gar: „Herr Bundeskanzler, Sie sind ja krank!" Diese Sitzung hat den heutigen Chefredakteur-Stellvertreter der „Salzburger Nachrichten" damals bestärkt, innenpolitischer Journalist zu werden.

*

Beim früheren ÖVP-Eingang im Parlament konnte man sich eines Aufzugs bedienen, um in den Sitzungssaal zu gelangen. Die sportlichen Mandatare – oder die, die sich dafür hielten – benutzten die Stiege. Es war allgemein bekannt, wer sich welcher Aufstiegshilfe bediente. Bruno Kreisky war eines Tages sehr verwundert, ÖVP-Lady Marga Hubinek als Gefährtin im Aufzug vorzufinden. Sie erklärte ihm, dass sie einen Gipsverband (Achillessehnenriss) verbergen wolle und daher einen Hosenanzug trage. Dies war in den Siebzigerjahren ein eher ungewöhnliches Kleidungsstück und trug ihr auch einige unfreundliche Bemerkungen von Galeriebesuchern ein.
Am Nachmittag dieses Tages wurde im ÖVP-Klub für sie ein großer Strauß gelber Rosen mit freundlichen Genesungswün-

… läuft und läuft …, 1982
Leopold Gratz, Karl Blecha

schen abgegeben. Die Verwunderung ihrer Kollegen war beachtlich und es sprach sich herum, dass der Spender dieser Rosen Kreisky war. Diese Geste war bald im ganzen Parlament bekannt.
Ja, charmant konnte er sein. Auch zur quirligen Generalsekretärin der ÖVP-Frauenbewegung, Marilies Flemming. Die schöne Dame erregte sich anfangs der Siebzigerjahre furchtbar über die Eierpreise. Also marschierte sie ins Kanzleramt. Kreisky nahm sich Zeit, sehr viel Zeit. Er bewunderte Flemmings Engagement für die Hausfrauen und machte ihr schließlich ein Angebot: „Wollen S' nicht zu uns kommen? Dann könnten wir gemeinsam was gegen die teuren Eier unternehmen." Flemming blieb in der ÖVP.
Kreisky war sich seiner Wirkung auf Frauen durchaus bewusst. Bestärkt wurde er dabei von zahlreichen Schmeichlern. Hermann Polz wurde Zeuge, als der aufstrebende Helmut Zilk in seiner gewohnt lautstarken Art ausrief: „Hörst Bruno, wie die Weiber auf dich stehen, des is' der reine Wahnsinn." Polz erwartete, dass Kreisky dieser Plumpheit eine gehörige Abfuhr erteilen werde. Aber nein. Der lächelte nur: „Nana, gar so ist es auch wieder net."

*

Gerüchte sind der Honig, den Journalisten behaglich schlürfen – natürlich alles nur im Interesse ihrer Leser und Seher. Private Gerüchte erst recht. Die Entouragen, die Journalisten, auch die Parteiapparate wissen viel. Der Unterschied zu heute ist einfach der, dass über Privatangelegenheiten nicht berichtet wurde.
Im Spätsommer des Jahres 1979 trafen auf Schloss Eggenberg Kreisky und Landeshauptmann Friedrich Niederl bei einem Fest aufeinander. Beide standen auf dem Höhepunkt ihrer Karrieren. Und beiden wurden seit langem Affären nachgesagt. Hier sollte es die bekannte Filmschauspielerin und Bühnendarstellerin sein, da die Mitarbeiterin im Landeshauptmann-Büro.

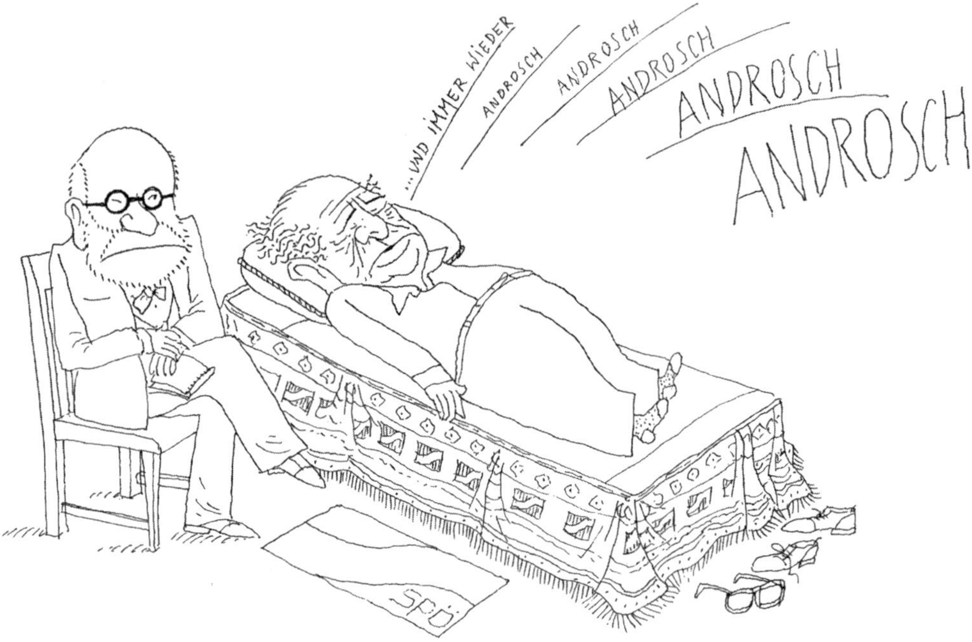

Obsession, 1982
Sigmund Freud

Für Kreisky war im komfortablen Grandhotel „Steirerhof" reserviert. „Herr Landeshauptmann!" – dem „Sonnenkönig" war schon bei der Begrüßung die Vorfreude anzuhören. Niederl verneigte sich tief. Und beging vor gut einem Dutzend Zuhörer die Indiskretion: „Ich habe mir sagen lassen, dass alles zu Ihrer Zufriedenheit arrangiert ist. Ich hoffe, das entspricht den Tatsachen …?"
Natürlich „wusste" Niederl. Und natürlich „wusste" auch Kreisky. Noch dazu wich die bekannt enge Mitarbeiterin dem Herrn Landeshauptmann kaum von der Seite. Selbstverständlich dienstlich.
Als sie kurz die Gruppe verließ, blickte ihr Kreisky unverschämt lange nach und packte den Stier bei den Hörnern: „Sagen Sie, lieber Landeshauptmann, stimmen die Gerüchte …" Niederl zuckte erschrocken zusammen. „Nein, nein!" Erst nach unendlich langen fünf Sekunden war die Panik vorüber – und die Angriffslust des gerade Ertappten wieder da. „Ich nehme doch an, dass die Gerüchte um Ihre Person auch nicht …" – „Selbstverständlich nicht …!" Endlich spürte Hausherr Niederl den wachsenden Groll des Gastes aus Wien. Er begann einzulenken. „Wobei, ich muss Ihnen sagen, Herr Bundeskanzler, manchmal fühle ich mich wegen des ganzen Unsinns, der da erzählt wird, auch ein bisserl geehrt. Dass man mir das, dass man mir so etwas, in meinem Alter, überhaupt noch zutraut …" Da erhellte sich die Miene des um neun Jahre älteren „Sonnenkönigs". „Ja, mir ergeht es ebenso." Und einen Augenblick später hatte sich Bruno Kreisky entschlossen, sich „diesen" Abend nicht verderben zu lassen. „Und ich muss Ihnen sagen: Spaß macht das Ganze obendrein."

*

Nach Terminen in der Stadt ging Kreisky ganz gern zu Fuß zurück ins Kanzleramt. Er genoss kleine Umwege, um Auslagen zu gustieren. In der Wallnerstraße blieb er vor einem kleinen Kaffeehaus stehen. „Gemma da auf an Kaffee", lud er seinen

Am Jahrmarkt, 1982
Herbert Salcher

Sekretär Jo Kunz ein. Dieser: „Lieber nicht, Herr Bundeskanzler, des is' a Hurencafé." Das machte Kreisky umso neugieriger. Er drückte die Nase ans Fenster, um die Damen zu erspähen. Schließlich brummte er: „Vielleicht gemma doch net eini. Da sitzen lauter Sektionschefs drinnen."

*

Der spitzbärtige Karl Pisa war Ende der Sechzigerjahre vom ÖVP-Pressedienst „strafversetzt" worden – als „Informations-Staatssekretär" in die Bundesregierung von Josef Klaus. Der Propagandist sollte retten, was nicht mehr zu retten war. Das ging schief, und nach Kreiskys Amtsantritt zog sich Professor Pisa als Privatgelehrter zurück. Er verfasste eine Biographie über den Philosophen Schopenhauer, und der „Spiegel" rezensierte sie 1977 – mit der Behauptung, Pisa sei Staatssekretär im Kreisky-Kabinett gewesen. Worauf Pisa sein Buch dem amtierenden Bundeskanzler schickte. Als Widmung schrieb er: „Mit der eidesstattlichen Erklärung, niemals einer Ihrer Regierungen angehört zu haben, mit politisch-kritischer Distanz und professionellem Respekt." Kreisky bedankte sich ebenso höflich wie formvollendet: „Wären Sie in der Regierung Kreisky Staatssekretär gewesen, wären Sie es heute noch, denn für Leute wie Sie hätte ich gerade jetzt viel übrig. Aber leider haben Sie sich die falsche Partei ausgesucht. Ob Sie in der Zwischenzeit draufgekommen sind, wage ich nicht zu behaupten, hielte es aber nicht für ausgeschlossen. Sie wissen wahrscheinlich, wie sehr ich bedaure, wenn Intellektuelle die österreichische Politik verlassen. Leider werden es immer mehr."

Fass ohne Boden, 1982
Herbert Salcher

Ohne ihn ging gar nichts

Nicht nur der Terrorüberfall auf die OPEC machte das deutlich

Als 1973 die arabischen Erdölländer die Ölpreise in eine für damals absurde Höhe trieben, musste auch Österreich Energie sparen. Ein „autofreier Tag" pro Woche wurde eingeführt, Kreisky selbst ging mit gutem Beispiel voran und empfahl den Männern, den Elektrorasierer in der Lade zu lassen und sich „halt nass zu rasieren". Er aber fuhr weiter stolz mit seinem betagten englischen „Rover". Als ihn eine ÖVP-Zeitung deswegen schalt, brummte er höchst verärgert, dass man mit seinem „Rover" viel langsamer fahre und daher Benzin spare. Sein Sekretär Thomas Nowotny sollte bei ARBÖ und ÖAMTC eine Bestätigung einholen. Leider kam der mit einer schlechten Nachricht zurück: „Herr Bundeskanzler, die sagen, das is' a Blödsinn."

*

Am 21. Dezember 1975 war es mit der Heiterkeit schlagartig vorbei. Zur Mittagszeit langten die ersten Schreckensmeldungen aus der OPEC-Zentrale am Wiener Schottenring in den Redaktionen ein: Ein Terrorkommando hatte die dort tagenden Erdölminister als Geiseln genommen und sich im Haus verschanzt. Die Reporter eilten entweder an den Schauplatz oder ins Kanzleramt, das einem aufgescheuchten Hühnerstall glich. Niemand wusste, wie mit dieser Krise und den Forderungen der Terroristen umzugehen war.

Kreisky war schon im Skiurlaub in Lech und musste erst per Hubschrauber nach Wien geflogen werden. Nach quälenden Stunden des Wartens erschien der Chef auf der langen Treppe, die zu seinem Amtszimmer führte – und mit einem Schlag trat Beruhigung ein. Außenminister, Innenminister und die ganze

Der Mühlstein, 1982

Führungscrew der Republik atmeten tief durch: Der Kanzler war da, Gott sei gedankt. Dass er noch im Skipullover war, fiel in der Hektik gar nicht auf.

Selten zuvor hatte es sich derart erwiesen, wie das ganze Regierungssystem auf einen Mann, auf einen überragenden Mann, zugeschnitten war. Innenminister, Außenminister, Verteidigungsminister – hilflos. Innerhalb kürzester Zeit hatte sich Kreisky informiert und er entschied relativ rasch, auf (fast) alle Forderungen der Terroristen einzugehen. Sie konnten Österreich ungehindert verlassen. Mit Handschlag verabschiedet vom Innenminister der Republik. Eine Reflexhandlung – rechtfertigte sich später Otto Rösch.

Zuvor freilich gab es noch ein Problem. Das Terrorkommando, das schon einen toten Polizisten und einen schwerverletzten Wächter auf dem Gewissen hatte, bestand auf Verlesung einer Resolution im Radio – auf Französisch. Aber wer konnte das machen? Die Beamten schieden aus, die Reporter auch. Rettung nahte in Form des TV-Kollegen Thomas Fuhrmann. Der wollte zwar zuerst nicht wirklich, aber nach einem Gespräch mit dem Kanzler stellte er sich schließlich vors Mikro, um die Botschaft live und ungeschnitten – in tadellosem Französisch – zu verlesen. Niemand konnte damals ahnen, dass unter den Terroristen der weltweit gesuchte Terrorist Ilich Ramírez Sánchez, genannt Carlos, war.

Für „Presse"-Redakteur Herbert H. wurde dieser 21. Dezember 1975 – ein Sonntag – zum fatalen Datum. Er war auf die OPEC spezialisiert und hatte an diesem Wochenende Bereitschaftsdienst. Blöderweise wohnte seine damalige Freundin in der Steiermark. Was machte der versierte Redakteur? Er recherchierte schon am Freitag, was zu erwarten war – nämlich nicht viel –, schrieb einen Einspalter fürs Montagblatt … und verduftete.

Um 11.45 Uhr ging der Zauber in der OPEC los. In der Redaktion wirbelte alles durcheinander, Reporter und Fotografen meldeten sich von der Ringstraße – aus einer Telefonzelle, denn

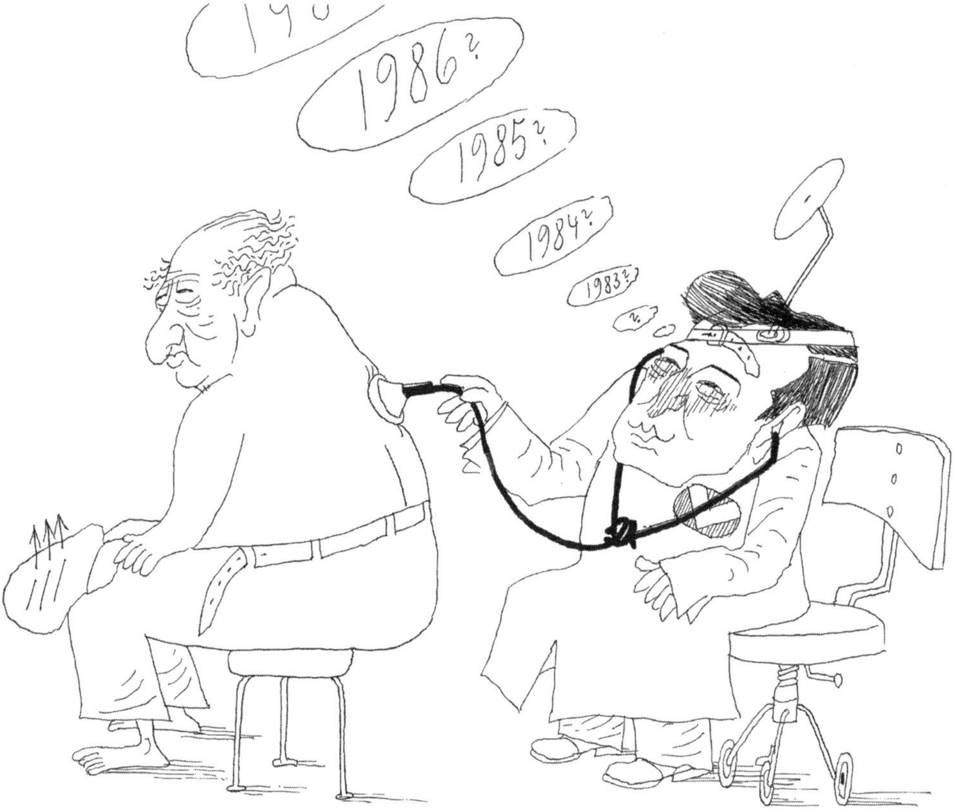

Geduld, Geduld, 1982
Alois Mock

Mobiltelefon gab's noch nicht. Chefredakteur Schulmeister witterte die Sensationsmeldung, denn er hatte ja einen Redakteur im OPEC-Gebäude, der sich hoffentlich bald melden würde. Nachmittags meldete sich der tatsächlich: „Ja, also es is' nix los bei der OPEC, der Einspalter kann so erscheinen." Schulmeister riss den Telefonhörer an sich: „Hutar, wo sind Sie?" – „No, in der OPEC, aber es gibt net viel her." – „Hutar, was ist los bei euch? Können Sie frei sprechen? Sind Sie gefesselt?" – „Äh – warum, bitte?" – „Hutar!!!! Die Wahrheit! Sie sind nicht in der OPEC!" – „Nein. Aber woher wissen S' das, Herr Doktor?"
Am Montag lag die Kündigung abholbereit im Chefsekretariat. Da gab's nicht mehr viel zu diskutieren. Beide Seiten nahmen es sportlich.

Alphamännchen unter sich

Kreisky versus Bacher, ein schwieriges Verhältnis

Rund 20 Jahre besaßen zwei Männer die Macht in Österreich – und nutzten diese auch: Bruno Kreisky und Gerd Bacher. Das Verhältnis dieser beiden Rivalen hatte Höhen und naturgemäß viele Tiefen. Als Bacher noch Chefredakteur des Wiener „Bildtelegraf" war, fuhr er – gemeinsam mit seinem Freund, dem „Presse"-Besitzer Fritz Molden – zu jeder UN-Tagung nach New York, wenn es um das Schicksal Südtirols ging. Bacher war durch seine Aktivitäten im Widerstandskreis gegen die italienische Unterwanderung höchst interessiert an einer Lösung dieses ernsten Minderheitenkonflikts im Herzen Europas. Kreisky auch. Die Verhandlungen mit Italien gestalteten sich für den Staatssekretär und späteren Außenminister Kreisky äußerst schwer. Nach gewonnener Schlacht umarmte Kreisky die Journalisten unter Tränen: „Das werd' ich euch nie ver-

Der alte Flitzer, 1982

gessen!“ Bacher, heute: „Na, was mich betrifft, hat er das aber sauber vergessen.“
Auf diesen Ausspruch begründete Bacher später sein vermeintlich besonderes Verhältnis zu Bruno Kreisky, der inzwischen Bundeskanzler geworden war. Nun sollte man bei derlei Versprechungen von Politikern immer vorsichtig sein. „Politiker vergessen solche Dinge gern. Und Bruno Kreisky besonders. Wie auch immer, Bacher glaubte an seinen speziellen Draht zum Bundeskanzler“, erzählte Helmut Zilk. Der ORF-Chef war immerhin noch am Wahlabend 1970 in die Löwelstraße gepilgert und hatte dem Überraschungssieger per Handschlag gratuliert – natürlich waren Fotografen dabei.

*

Dennoch verschlechterte sich das Verhältnis zwischen diesen beiden „Alphatieren“ sehr rasch. Bacher wollte seine Unabhängigkeit im ORF weiter pflegen – und gab kein Lebenszeichen mehr von sich. Das wieder machte Kreisky nervös, was seine Umgebung leidvoll mitbekam. Er erwartete sich zumindest einen Antrittsbesuch des Generalintendanten, was er als jetziger Eigentümervertreter ja wohl erwarten konnte. Nachdem Bacher dazu aber keine Anstalten machte, kam es schließlich noch im Frühjahr 1970 zu einem eher stürmisch verlaufenen Telefonat, das der eigentliche Beginn einer langen Auseinandersetzung war.
Zilk beschrieb diese wetterwendische Beziehung so: „In den Direktionssitzungen haben wir immer schon am Anfang gewusst, wie gerade das Verhältnis war. In guten Phasen – die konnten Wochen dauern – hat Bacher gesagt: ‚Der Herr Bundeskanzler hat mich angerufen‘, ‚Ich war gerade beim Herrn Bundeskanzler, ich meine, der Herr Bundeskanzler hat recht‘. Wenn er eine schlechte Phase gehabt hat, hat’s geheißen: ‚Der Sonnenmoritz will scho’ wieder was!‘ Das hat natürlich wieder der Kreisky erfahren, und so ist halt das Verhältnis immer schlechter geworden.“

Altersssteckenpferd, 1982

Kreisky ging es schließlich so, wie es schon Klaus erleiden musste: Die Journalisten ließen sich nicht mehr alles verkaufen, sie hakten nach. Früher richtete sich das gegen Klaus, jetzt gegen Kreisky und sein Team. Und das war ihm gar nicht recht. Der SPÖ-Basis schon gar nicht. So wuchs der Druck auf den Parteichef, die internen Kreisky-Skeptiker (Anton Benya, Christian Broda) witterten ihre Chance, führten große Reden in den Parteigremien gegen Bachers „Alleinherrschaft" – dies alles führte zu einer Verschärfung der Situation. Für Zilk war das besonders schwierig. „Ich versuchte halt auszutarieren, aber es ist mir letztlich nicht gelungen. 1974 konnte ich Bacher noch einmal meine Loyalität beweisen. Ein Wiener Journalist fragte mich bei der Eröffnung der Berliner Funkausstellung, was ich tun werde, sollte Bacher im Oktober nicht mehr gewählt werden. Meine Antwort fand sich als Schlagzeile tags darauf im ‚Kurier': ‚Ich bin ein Mann Gerd Bachers.' Und das war ich ja auch schließlich. In der Löwelstraße hat man mich daraufhin als hinterhältigen Verräter bezeichnet. Aber Verräter wäre ich nur gewesen, wenn ich ihn in dieser Stunde im Stich gelassen hätte. Er hatte mich zum Fernsehdirektor gemacht, meine Aufgabe war nicht die Maulwurfsarbeit gegen ihn."

*

1974 schaffte sich die SPÖ unter Führung von Anton Benya und Justizminister Christian Broda den lästigen, weil unbotmäßigen ORF-Generalintendanten Gerd Bacher vom Hals. Ein Verwaltungsbeamter könne das mindestens auch so gut, befand Broda. Sein Kandidat hieß Sektionschef DDr. Robert Dittrich. Doch der sagte in letzter Minute und in weiser Voraussicht ab. Jetzt war guter Rat teuer. Broda zog den ebenso gepflegten wie selbstbewussten Sektionsrat Otto Oberhammer aus dem Zylinder: Der schöne Unbekannte habe die Übersiedlung des Justizressorts aus dem Justizpalast in das 100 Meter entfernte Palais Trautson bravourös geschafft, schwärmte

Auf der internationalen Bühne, 1982
Muammar Gaddafi

Broda. Aber Kreisky kannte den Kandidaten nicht. Also musste Broda-Sekretär Heinrich Keller mit Oberhammer nach Bad Wörishofen pilgern, wo Kreisky kurte. Mit dem ärgerlichen Segen des „Alten" kehrten sie zurück. Im nächsten Parteivorstand lobte Broda erneut seine Entdeckung Oberhammer überschwenglich: „Ich verliere meinen besten Beamten. Also bin ich ja eigentlich der Zahler." Kreisky hob den Finger und setzte vielsagend hinzu: „Und der Bürge, Herr Bundesminister, und der Bürge!"

Heute, im Abstand von einer ganzen Generation, urteilt Bacher milde über den einstigen Widerpart, über den Mann, der für ihn ein „einzigartiges Medienphänomen" darstellte. Der Exgeneralintendant schildert den simplen Trick, mit dem dieser Politiker die Massen fesselte: „Er sprach leise. Und er sprach langsam. Das war sein Geheimnis. Da kann man mitdenken. In unserer Zeit wird die langsame Sprache abgeschafft. Die ist heute ja nicht mehr gewünscht. Bevor man den ersten Satz verstanden hat, ist schon der fünfte da. Aber: Meistens versäumt man eh nichts."

*

Im kleinen vertrauten Kreis konnte Kreisky aber auch ganz anders, erzählt Bacher. „Da war er erstens lauter und zweitens viel offener. Da konnte er so zornig werden, das habe ich bei keinem anderen so erlebt." (Und das sagt Bacher, der bekanntermaßen brüllen konnte, dass der Künigلberg erbebte.) „Wenn ich die Namen derer nennen würde, die er als Trotteln bezeichnete – da gäbe es eine Revolution! Trottel war überhaupt ein Lieblingswort von ihm." Und resigniert setzt der langjährige ORF-Chef hinzu: „Ich hab Heimweh nach ihm – vor allem jetzt, wenn ich mich so umschau'..."

Letzer Versuch, 1983

Die UNO-City als Denkmal

Ein Sieg über die Volksbegehrer, eine Niederlage in Zwentendorf

An Österreichs „Sonnenkönig" erinnern bis heute zahlreiche Bauten, allen voran natürlich die UNO-City in Wien-Donaustadt. Die Idee dafür geht zwar auf die ÖVP-Regierung vor ihm zurück – aber erst Kreisky beauftragte den österreichischen Architekten Johann Staber mit den Planungsarbeiten und durfte den Komplex 1979 unter großem Beifall eröffnen.

Acht Jahre später und keine 100 Meter weiter zeigte sich dann ein anderes Bild: Im April 1987 liefen die Vorbereitungen für die Eröffnung des Austria Center, das neue riesige Konferenzzentrum und Symbol für Wien als internationales Zentrum, auf Hochtouren. Doch Kreisky, inzwischen nur noch Altbundeskanzler, war grantig. Es sei unerhört, so spät eingeladen zu werden, teilte er Bundeskanzler Franz Vranitzky mit, sagte ab und zog sich in den Schmollwinkel zurück.

Hauptgrund für Kreiskys rüdes Verhalten war nicht nur seine wachsende Aversion gegen den Banker, der jetzt die Sozialdemokratie führte, sondern vor allem, dass das neue Austria Center ihn an die schwierige politische Zeit sechs Jahre davor erinnerte: das Volksbegehren gegen das Konferenzzentrum. Der Weltpolitiker Kreisky boxte das Projekt trotzdem durch – mit dem Argument, dass ja eigentlich eine große Mehrheit dafür gestimmt habe.

Und das ging so: Ein Volksbegehren der Gewerkschaft im Jahr 1977 hatte eine relativ mickrige Beteiligung gehabt. Kreisky erklärte damals wortreich im Fernsehen, dass das ja äußerst mühsam sei, die Leute müssten ins Bezirksamt gehen, in den zweiten Stock steigen. Also, eigentlich sei es eh eine Mehrheit gewesen, die dafür war. Ein Jahr später unterschrieben 1,3 Millionen Österreicher das Volksbegehren gegen den Bau von Kreiskys

Ich schwöre ..., 1983

Lieblingsprojekt, das Konferenzzentrum bei der UNO-City. Wolfgang Pav konfrontierte nach dem nächsten Ministerrat fürs Fernsehen den grantigen Kanzler mit seinem einstigen Sager: Das müsste ja eigentlich eine absolute Mehrheit gegen das Konferenzzentrum sein!? Keineswegs, wurde er sofort belehrt: „Kommen S' mir nicht mit solchen Drehs. Tatsache ist, dass drei Viertel net unterschrieben haben. Ja?? Gut!"
3,9 Millionen Menschen haben seit der Eröffnung im Austria Center getagt. Sie interessierten sich nicht für die politischen Anfangsschwierigkeiten des ACV. Außer vielleicht, sie sehen sich die Adresse genauer an: „Bruno-Kreisky-Platz 1".

*

Ein anderer Monumentalbau Kreiskys ging freilich überhaupt nie in Betrieb – das Atomkraftwerk im niederösterreichischen Zwentendorf. Errichtet in der festen Überzeugung, dass Österreichs Energiezukunft in der Kernenergie liege, ist die 15 Milliarden Schilling (1,09 Milliarden Euro) teure Anlage heute ein Stück Demokratiegeschichte.
Der Bau begann noch in der Ära der ÖVP-Alleinregierung. Jetzt aber war die Volkspartei in der Opposition und gegen eine Inbetriebnahme. Bis Juni 1978 bemühte sich Kreisky um Konsens. Dann hatte er genug. Er ließ Hannes Androsch, Leopold Gratz und Klubobmann Heinz Fischer kommen: „Ich halte es für falsch, das Kraftwerk nicht in Betrieb zu nehmen und viele Milliarden Schilling zum Fenster hinauszuwerfen. Das wird auch die Bevölkerung nicht verstehen. Ich halte es aber ebenso falsch, das Projekt durchzutrumpfen …, wie sich der Toni Benya das vorstellt, und die ÖVP aus ihrer Verantwortung zu entlassen. Ich mache euch aber einen Vorschlag als Ausweg: Wir machen zur Frage der Inbetriebnahme von Zwentendorf eine Volksabstimmung. Die Mehrheit der Bevölkerung wird sicher dafür sein, und das muss dann auch die ÖVP zur Kenntnis nehmen, ob es ihr passt oder nicht."

Gehts noch einmal?, 1983

Fischer wandte dagegen ein, dass man eine Volksabstimmung nur über ein vom Nationalrat beschlossenes Gesetz durchführen könne. Dieser Einwand ging bei Kreisky aber ins Leere. Er meinte wörtlich: „... für jeden Unfug werden ... Gesetze beschlossen, und da wollt ihr mir einreden, dass man für ein so wichtiges Thema nicht ein Gesetz erfinden kann, über das man eine Volksabstimmung durchführen kann?“
Ein solches Gesetz kam schließlich am 28. Juni mit der absoluten Mehrheit der SPÖ zustande. Und die Volksabstimmung ging ganz knapp gegen die Inbetriebnahme aus. Vor allem, weil viele bürgerliche Wähler im letzten Moment dagegen gestimmt hatten. Kreisky hatte den taktischen Fehler gemacht, sein Schicksal mit Zwentendorf zu verknüpfen: Wenn die Volksabstimmung negativ ausgehe, werde er zurücktreten. Diese „Einladung“ ließ sich so mancher Bürgerliche nicht entgehen, selbst wenn er für die Atomkraft war.

*

Trotzdem: Heute ist man froh, dass Zwentendorf nie in Betrieb gegangen ist: Der Super-GAU von Tschernobyl 1986 hat praktisch alle österreichischen Verfechter der Atomkraft eines Besseren belehrt. In den gespenstisch stillen Hallen das Kernkraftwerks Zwentendorf lässt die EVN, die die Anlage vor Kurzem erworben hat, heute deutsche Nuklearingenieure in der sicheren Umgebung des nie eingeschalteten Reaktorschachtes üben.
Auch die knappe Niederlage bei der Volksabstimmung brachte den Analytiker und Kampagnenleiter Karl Blecha nicht aus seiner Ruhe. Er war eher gegen die Inbetriebnahme, sagt er. Kreisky auch. Aber da waren auf der Pro-Seite fanatische Gewerkschafter, auf der Gegenseite standen die Jungen, die ebenso fanatisch dagegen waren. Für Blecha wäre ein ganz knappes Votum pro Atomkraft viel ärger gewesen, meint er im Nachhinein: „Denn dann wäre Zwentendorf in Betrieb gegangen und es hätte Partei und Staat zerrissen.“

Ein Star tritt ab, 1983

Das Königsdrama

Aus väterlicher Zuneigung zu Androsch wurde blinder Hass

Mehrere Jahre hindurch durfte ich um den Silvester herum nach Lech am Arlberg reisen, um im Hotel „Post" mit dem „Alten" ein großes Bilanz-Interview zu führen. Die ganze Familie Kreisky – natürlich mit Margit Schmidt – war hier abgestiegen, auch die Familie Androsch. Wir saßen im nicht sehr anheimelnden Hotelzimmer, dauernd klingelte das Telefon – einmal war es Jassir Arafats Büro –, da polterte es unter dem Fenster. Hannes Androsch war von der Piste zurückgekehrt und stiefelte zum Skistall. „Da unten, da geht er", sagte Kreisky mit Stolz und Wärme. „Mit meinem eigenen Sohn hab ich ja manchmal Schwierigkeiten, wie Sie wissen." Wenig später ging die Zimmertür auf, Androsch – noch mit Skischuhen – steckte den Kopf herein und erinnerte an einen Termin, der am nächsten Tag anstand. Nicht einmal angeklopft hatte er.
1974 wurde der „Alte" erstmals eifersüchtig auf seine zwei geliebten „Kronprinzen" Hannes Androsch und Leopold Gratz. „Wir waren in der Prater Hauptallee spazieren und sind im Lusthaus eingekehrt. Dort haben sie uns das Gästebuch gegeben und wir haben uns halt eingetragen. Wenig später", so schildert Androsch heute die Episode, „ist der Kreisky dort eingekehrt, hat unsere Unterschriften gesehen und geglaubt, wir hätten uns verabredet, um ihn ins Bundespräsidentenamt wegzubringen." Alles nicht wahr, versichert Androsch. Wie auch immer, Kreisky hat es ihnen nicht geglaubt.
Doch die Idee, Kreisky in die Hofburg abzuschieben, machte flugs die Runde durch die Zeitungsbranche. Einen besonders forschen Reporter, der fragte, warum Kreisky partout nicht kandidieren wolle, knurrte er an: „Was soll ich denn da ma-

Das Vermächtnis, 1983

chen? Am Vormittag eine Volksschule einweihen, und am Abend einen Gnadenakt unterschreiben?"
1975 übersiedelten die Androschs mit zwei Töchtern aus der Falkestraße in die renovierte Villa in Neustift am Walde in der Nussallee. Die Finanzierung des luxuriösen Wohnsitzes sollte die Medien und die Gerichte viele Jahre lang beschäftigen.
Der argwöhnische Kreisky ließ sich von seinem präsumtiven Nachfolger einladen. Er kam mit Ehefrau Vera, „saß selbst am Steuer des legendären Rover" (Androsch) und besichtigte jeden Winkel. Und dauernd fragte er: „Was hat'n das gekostet?" Androsch gab sich verhalten und antwortete ausweichend. Als der Kanzler im Kellergeschoß einen Swimmingpool entdeckte, brummelte er nur vor sich hin. Wenig später wurde in der Kreisky-Villa in der Armbrustergasse umgebaut. Im Erdgeschoß entstand – erraten: ein Swimmingpool.

*

1975 war das kritische Jahr des engen Vertrauensverhältnisses zwischen Kreisky und Androsch. Wie man die Erdölkrise bewältigen sollte, darüber waren Kreisky und sein Finanzminister in entscheidenden Bereichen geteilter Meinung. Der Jüngere trat gegen die Strukturkonservierung in der Verstaatlichten Industrie ein, er wollte die Energiepolitik neu ausrichten, machte sich Sorgen um die künftige Finanzierung des Wohlfahrtsstaates.
„Meine Anregung", sagt Androsch, „diesen durch mehr Eigeninitiative, Eigenvorsorge und Eigenverantwortung – die ‚drei E' – abzusichern, stieß auf heftigen Widerstand. Ein ganz entscheidendes Thema war die Hartwährungspolitik. In dieser Frage konnte ich mich – nicht zuletzt durch die Unterstützung Benyas und der Notenbank durch Karl Waldbrunner und später Stephan Koren – gegen den Bundeskanzler und die Industriellenvereinigung durchsetzen."
Aber es ging auch ums Persönliche. „Für mich", sagt Androsch, „war die eigentliche Zäsur in unserer bis dahin äußerst frucht-

Verbrannte Erde, 1983

baren Beziehung, als der Bundeskanzler 1975 nach einem abgelehnten Misstrauensantrag der Opposition auf die Journalistenfrage ‚Stehen Sie noch hinter Ihrem Finanzminister?' antwortete: ‚Ich stehe neben ihm.' Als ich ihn darauf ansprach, meinte er bloß: ‚Jeder muss seine Sache selbst ausbaden.' Auf meine Erwiderung: ‚Das schon, aber die gemeinsame?', da gab er keine Antwort."

Und dann kam noch die Androsch-Anfrage, ob er nicht in die Notenbank wechseln dürfe. „Ich wollte nicht auf Dauer in der Regierung bleiben. Auch aufgrund meines zunehmenden Interesses an der Währungspolitik wäre ich gerne als Präsident in die Notenbank gewechselt. Aber ich sagte Kreisky gleich dazu: ‚Ich weiß eh, dass es nicht geht.' Aber allein das Gedankenspiel war für Kreisky zutiefst enttäuschend und hat die Beziehung schwer belastet.

*

Das Jahr 1980 sollte eigentlich ein Jubeljahr werden, war dann aber überschattet von Skandalen riesiger Ausmaße. „Der größte", sagt Herbert Neumayer, der als „schwarzer" Sektionschef den Bundespressedienst leitete, „war zweifellos der des Allgemeinen Krankenhauses in Wien. Aber die Kreditgeschäfte der schwarzen Landes-Hypo Niederösterreich standen dem um nichts nach. Letztere verursachten laut Rechnungshof einen Schaden von 200 Millionen Schilling." Eine – später wieder zurückerstattete – Spende des Vorarlberger Kaufmannes Bela Rabelbauer in Millionenhöhe an die ÖVP wurde auch deswegen berühmt, weil der gute Mann das Geld in einem schwarzen Koffer in den Parlamentsklub brachte. Daraufhin erließ Kreisky – auch auf Hannes Androsch gemünzt – „Zehn Gebote" zur politischen Moral. Gehalten hat sich kaum einer daran.

Je mehr die Gesundheit des Kanzlers zu wünschen übrig ließ, desto intensiver verbiss er sich in das Feindbild Androsch. Als Langzeitkanzler der sozialistischen Alleinregierung von 1970

Arabische Schlussrechnung, 1983

bis 1983 wusste Kreisky natürlich von allem Anfang an um Androschs Steuerberatungskanzlei „Consultatio", die die Eltern nach dem Krieg aufgebaut hatten. Ab 1978 stieß er sich daran. Selbst als Androsch seine Anteile drei honorigen parteiunabhängigen Treuhändern übergab, änderte das nichts mehr an dem Rachefeldzug des Parteivorsitzenden. Natürlich wusste er ebenso genau um die teilweise haarsträubenden Politikerprivilegien, die er nun allesamt rasch beseitigen wollte, weil „sonst die Partei stirbt". Es wurde zu einem Kampf gegen Windmühlen.
Dabei vermochte Kreisky außer den bekannten Vorwürfen nur eine einzige neue Geschichte zu erzählen. Die aber schien ihm typisch für die angeblich durch und durch verwerfliche Persönlichkeit des Hannes Androsch. Die Sache hing mit dem Selbstbewusstsein des einstigen „Kronprinzen" zusammen. Er habe – wie berichtet – 1970 den erst 32-jährigen Nationalökonomen zu sich geholt und gefragt, ob er sich die Führung des Finanzministeriums zutraue. Und was antwortete dieser? Kreisky wörtlich: „Zu meinem Erstaunen hat er, ohne mit der Wimper zu zucken, ja gesagt. Er hätte sagen können, ‚Ich weiß das nicht, das können andere besser beurteilen.' Er hat ja gesagt. Mit 32 Jahren!"

*

Und Androsch? Wie hat er sein Verhältnis zu dem Älteren gesehen? „Er war der respektierte Parteivorsitzende", sagt Androsch. „Ich bin 1967 für seine Wahl eingetreten, obwohl die Wiener Organisation große Vorbehalte hatte. Ich habe für ihn gekämpft. Vielleicht gab es eine Vater-Sohn-Beziehung. Aber es war nie eine Sohn-Vater-Beziehung."
Diese Einschätzung wird von engen Kennern der beiden bestätigt. Androsch habe zwar anfangs ein herzliches Verhältnis zum Kanzler gehabt, aber ihn nicht als „Vaterersatz" betrachtet. Eher schon Karl Waldbrunner und bis zu einem gewissen Grad sogar Felix Slavik. Aber es mag sein, meinte in einem Interview An-

Ansichtssache, 1983
Alois Mock

droschs Mutter Lia, dass Kreisky gern einen Sohn gehabt hätte, „der mit ihm an einem Strang zog". Der Finanzminister sei übrigens viel zu sehr an seinem verstorbenen Vater gehangen, als dass er sich Kreisky als Vaterersatz gesucht hätte. „Es gibt nicht ‚den' Kreisky", sagt Hannes Androsch im Interview für dieses Buch. „Es gibt mehrere Kreiskys. Einmal war er bezaubernd, einnehmend, genial. Mit zunehmender Krankheit hat er sich total verändert. Er wurde misstrauisch, vergrämt, eifersüchtig. Das war ein tragisches letztes Jahrzehnt für ihn."

*

Mag sein, dass hinter den später geradezu skurrilen Attacken auf Androsch Psychologisches steckte, dass Kreisky mit seinen Schlägen auf den Vizekanzler etwas ausmerzen wollte, was er als eigene Lebensschuld betrachtete. Dem zu Bürgertugenden erzogenen Altkanzler ging es vorrangig um die Frage, welche Art Funktionäre künftighin in der SPÖ das Sagen haben sollten – die pragmatischen Macher, wie Androsch, oder die Linksutopisten, die im reinen Sozialismus die Zukunft sahen, aber in der Bevölkerung keine Mehrheit besaßen. Erst in zweiter Linie also bekämpfte Bruno Kreisky die Person Androsch, angeblich seine „größte menschliche Enttäuschung". In erster Linie bekämpfte er den gängigen Politikertypus der österreichischen Sozialdemokratie, die längst keine „Arbeiterpartei" mehr war. Kreisky selbst war es ja, der den „Typus Androsch" systematisch in jene Spitzenpositionen von Staat, Staatswirtschaft und Verbänden gebracht hatte, der nun den Lauf der Dinge bestimmte: gut ausgebildet, selbstbewusst, ehrgeizig, effizient und auch wählerisch, was Freunde und Beziehungen betraf.
Sogar den laut beklagten Moralverfall musste sich Kreisky selber zuschreiben. „Da er das Prinzip ‚leben und leben lassen' zur Maxime seiner Regierungszeit erhob, förderte er die kollektive Bewunderung für Leute, die sich's irgendwie richten konnten, billigte er, dass der Weg durch die Hintertür heute als Nachweis

Noch bis zum Herbst, 1983

hoher Befähigung gilt", schrieb der Hamburger „Spiegel" 1983. Schon bei der Siegesfeier nach den Wahlen des Jahres 1975 hatte es einen kleinen Eklat gegeben, den der Androsch-Biograph Beppo Mauhart scharfsinnig als ersten „Haarriss" in der Beziehungskiste registrierte: Vor dem Wiener Rathaus sprachen nur Kreisky, Hertha Firnberg und Anton Benya zu den versammelten Anhängern. Doch aus der Menge tönten ständig Rufe: „Hannes, Hannes!" Erst dadurch durfte Androsch auf die improvisierte Tribüne kommen. An der internen Siegesfeier nahm der Finanzminister dann nicht mehr teil. Verbittert war er heimgefahren. Von da an versuchten wohlmeinende Beobachter immer wieder zu vermitteln. Der frühere Tiroler ORF-Landesintendant Hans Hauser berichtet von einer Aktion des legendären Landeshauptmannes Wallnöfer: „Wie das halt der Wallnöfer so gemacht hat. Er tat dies mit Rotwein. Das ist dann allerdings eine recht einseitige Angelegenheit geblieben, weil der Kreisky nichts getrunken hat, der Androsch aber schon."

Der Konflikt, der ab Mitte der Siebzigerjahre zunehmend Kreiskys Arbeits- und Spannkraft verbrauchte, endete erst im Jänner 1981 mit dem Rücktrittsgesuch Androschs. Die geplante totale Vernichtung des Vizekanzlers misslang dem Regierungs- und Parteichef allerdings gründlich. „So lasst du mir den Buam nicht gehen", beschied Benya seinem Parteifreund. Als stellvertretenden Generaldirektor der bürgerlichen Creditanstalt-Bankverein sollte der Verstoßene ein zweites Leben außerhalb der Politik beginnen. Über Jahre hinweg hatte sich innerparteilich ein starkes Netzwerk gebildet, auf das sich Androsch verlassen konnte. Hertha Firnberg, Christian Broda, Anton Benya – sie alle hielten Distanz zu Kreisky aus den unterschiedlichsten Gründen. Jetzt waren sie vereint in der Gegnerschaft zum autoritär agierenden Parteichef. Kreisky blieb nur die veröffentlichte Meinung. Peter Rabl beschrieb im „profil" die subtile Vorgangsweise des „Alten": „‚profil'-Chefredakteur Helmut Voska – kein Parteigänger der SPÖ, wie Kreisky sehr wohl wusste – wurde zum intimsten jour-

Selbstzerstörer, 1985

nalistischen Gesprächspartner des Kanzlers in seiner Androsch-Schlacht. Und folgerichtig verpasste Kreisky seinem verstoßenen Lieblingssohn in einem Interview mit dem ‚profil'-Mann den politischen Fangschuss. Gerade während Androsch damals, im Sommer 1980, mit Freunden in Alpbach voreilig sein politisches Überleben in der Regierung feierte, brummte Kreisky auf Mallorca dessen politisches Todesurteil aufs Tonband."

Im Ministerrat musste Hannes Androsch als Vizekanzler ein letztes Mal das Wort ergreifen. Der Kanzler beging seinen 70. Geburtstag. Eine gespenstische Szene, an die sich Androsch so erinnert: „Was ich gesagt habe, entsprach meiner Überzeugung. Es war am 20. Jänner 1981, dem Tag meines Ausscheidens aus der Regierung. Um neun Uhr habe ich die Rede gehalten, um zwölf Uhr war ich nicht mehr dabei. Kreisky ist nach der Rede aufgestanden und hat gesagt, Stephan Koren möge ihm verzeihen, aber dass ich der bedeutendste Finanzminister der Zweiten Republik war. Jeder hat damals gewusst, dass er mich weghaben wollte, das hat seine Entscheidung erst recht ins Zwielicht gebracht."

Hat Androsch jemals die Aussöhnung gesucht? „Nein, aber Leonard Bernstein hat's versucht. Das war am jüdischen Versöhnungstag Jom Kippur im Wiener Hotel Bristol. Kreisky hat das abgelehnt, und deswegen hat Bernstein nie wieder mit ihm gesprochen." – Und Androsch auch nicht? „Ich auch nicht."

*

„Kreisky hat sich in seinem Amt und in der Politik ruiniert", meint Botschafter Friedrich Bauer. Keine Übertreibung: Bei der Eröffnung des Arlberg-Straßentunnels hatte sich der Kanzler eine schwere Verkühlung zugezogen, was er aber völlig ignorierte. Das verschlimmerte seine Niereninsuffizienz, die schon 1974 bei einer Prostataoperation festgestellt worden war. Kreisky wurde zum Dialysepatienten, im hohen Alter konnte er sich einer Nierentransplantation unterziehen. Dazu kam eine Er-

blindung des rechten Auges. Daran sei Androsch schuld, behauptete er später immer wieder. Bei einem wilden Streit sei ihm eine Ader im Auge geplatzt.
Zum „Siebziger" brachten Peter Turrini und Gerhard Roth ein prächtiges Buch heraus, das freilich heftigsten Widerspruch beim Polemiker Thomas Bernhard hervorrief. Ein „kurioses Buch, das nur in ausgesuchten Devotionalienhandlungen verkauft werden sollte", so nannte es Bernhard – und schmähte Kreisky in seiner typischen Manier: Er sei ein „Halbseidensozialist", ein „rosaroter Beschwichtigungsonkel", ein „schlechter Bundeskanzler", „ein am eigenen Murren würgender sturer Soziomonarch", „ein inzwischen renitent gewordener Spießbürger". Der Bildband bestätige, so Bernhard, „wie schwachsinnig und charakterlos unsere jungen opportunistischen Schriftsteller heute sind".

*

Kreiskys Krankheit schritt fort, die Sorge, dass Androsch in die Politik zurückkehren könnte, die blieb. Am 25. November 1982 wollte Kreisky, offenkundig in schlechter psychischer Verfassung, schon alles hinwerfen. Handschriftlich entwarf er einen Brief an seinen Parteiobmann-Stellvertreter Karl Blecha, den er dann zwar nicht abschickte, aber dafür sorgte, dass er gut einsichtig im Kreisky-Archiv liegt:
„Lieber Freund, in mein Büro zurückgekehrt, erfahre ich, dass eine Publikation in London (‚Economist') Spekulationen über die Nachfolge anstellt. Dabei wird die Meinung vertreten, dass A. kommen wird resp. kommen muss. Im Lichte der heutigen Sitzung des P. V. (Parteivorstands, Anm.) schlage ich vor, dass ich ab 1. 1. mich zurückziehe und dem P. V. die Möglichkeit biete, noch in seiner nächsten Sitzung die Frage der Nachfolge in aller Ruhe zu diskutieren. Mir ist es in dieser Lage, die, wie ich glaube, keinen Aufschub zulässt, sehr ernst. Darf ich dich daher bitten, das Notwendige zu veranlassen. In großer Verbundenheit, dein Bruno Kreisky."

Er tat es dann doch nicht. Von den Ärzten erzwang er ein Attest, das ihn für einen weiteren Wahlkampf tauglich erklärte. So nahm also die Kampagne 1983, seine letzte, ihren Lauf. Unter anderem mit Blecha, Zilk und Mahr als Wahlkampfmanager im Blecha-Team. Hans Schmid von der Agentur GGK präsentierte die Ausgangslage auf schwarzen Tafeln, alles wortwörtliche „Kreisky-Zitate“. Kreisky erregt: „So kann man das nicht sagen, das stimmt ja gar nicht.“ Schmid: „Das sind Ihre Worte, Herr Bundeskanzler.“ Kreisky: „Nein, nein, da haben S' mich missverstanden.“ In diesem Wahlkampf gab's nie mehr eine schriftliche Festlegung.

Partei-„Freunde“

Was er über Zilk dachte und warum ihm Firnberg böse war

Der Wiener Bürgermeister Helmut Zilk hatte seinen New Yorker Amtskollegen Ed Koch eingeladen. Für Koch, der gut Deutsch verstand und weitschichtige Wiener Verwandte hatte, war Österreich (trotz seiner Sympathie für Zilk und Wien) als Naziland verdächtig. Außenpolitisch stand er fest zu Israel. Das war der Grund, weshalb er den Bemühungen Bruno Kreiskys um eine Verständigung mit den Palästinensern gelinde gesagt sehr misstrauisch gegenüberstand. Das sagte er in Wien auch bei einigen Gelegenheiten. Kein Wunder, dass Kreisky, dem diese Äußerungen natürlich sofort in die Armbrustergasse kolportiert wurden, das störte.
Im Dienstauto Zilks (der alte, ewig reparierte Citroën) läutete das Telefon. Anruf des Altkanzlers – so laut, dass man die Wortfetzen mithören konnte: „Ich höre, du hast nichts Besseres zu tun gehabt, als den New Yorker Bürgermeister einzuladen ... und der hat da nichts Besseres zu tun, als mich bei jeder Gele-

genheit zu kritisieren … was hast du dir dabei gedacht? Hast du ihm auch gesagt, was ich alles für einen friedlicheren Nahen Osten getan habe? … Schaut so deine Freundschaft aus …?"
Zilk, ein Bewunderer Kreiskys, versuchte zu bremsen: „Aber, Bundeskanzler, bevor du weiterredest, ich bin am Autotelefon, und die werden … doch abgehört." – „Das ist mir egal … Illoyalität … das weiß ich mir gar nicht zu schätzen … weißt du, was du mir da angetan hast? … so sieht der Dank aus …", war zu hören.
Zilk ließ das widerspruchslos über sich ergehen, sank in sich zusammen und hatte Tränen in den Augen. Der „Alte" hatte ihn tief getroffen … Auch das war Kreisky.

Zwei Jahre nach seinem Rücktritt war Kreisky schon mit Gott und den Menschen zerfallen. In einem vertraulichen Brief an Landwirtschaftsminister Günther Haiden ließ er sich über Zilk folgendermaßen aus: „Und nun zu Zilk, wo ich einbekenne, dass ich ihm gegenüber seit vielen Jahren voll von Misstrauen bin, es aber öffentlich nie erklärt habe … Nach Jahren hat Genosse Blecha mich bedrängt, ich möge doch Zilk namens der Partei ins Rundfunk-Kuratorium entsenden. Ich habe zugestimmt … Und als die Regierungsbildung zwischen Sinowatz und mir besprochen wurde, habe ich gemeint, ob es nicht eine große Unvorsichtigkeit wäre, den sicher als Stadtrat geschickt agierenden Zilk zum Unterrichtsminister machen zu wollen. Sinowatz bat mich zuzustimmen, weil es sein höchstpersönlicher Wunsch wäre … Ich habe natürlich zugestimmt, habe aber gemeint, dass er dann seine Funktion im Rundfunk-Kuratorium zurücklegen müsse, weil ein Minister Zilk im Rundfunk sehr positiv ‚herauskommen' werde, die anderen aber nur dann, wenn sie in eine unerfreuliche Lage geraten. Ich habe Zilk gerufen. Die Unterredung fand im Zimmer des Parteivorsitzenden statt, und ich habe ihm den Rücktritt nahegelegt. Zilk hat mir versprochen, er werde mir bald davon Mitteilung

Mein Dank gilt all jenen freundlichen Menschen, die mir im Laufe der Jahre die eine oder andere Anekdote gespendet haben. Sie alle mögen sich als Autoren dieses Buches fühlen:

Ludwig Adamovich, Bruno Aigner, Hannes Androsch, Gerd Bacher, Udo Bachmair, Friedrich Bauer, Holger Bauer, Hans Besenböck, Christoph Biro, Gerhard Bitzan, Karl Blecha, Willi Brauneder, Ulrich Brunner, Thomas Chorherr, Robert Dienel, Klaus Emmerich, Gerhard Feltl, Ernst Fettner, Heinz Fischer, Johannes Fischer, Marilies Flemming, Friedhelm Frischenschlager, Wolfgang Fuchs, Anton Gatnar, Wolfgang Greber, Wolfgang Groiss, Günther Haller, Marta S. Halpert, Erwin Hirnschall, Lutz Holzinger, Lothar Höbelt, Herwig Hösele, Marga Hubinek, Peter Jankowitsch, Peter Jann, Gerhard Jelinek, Herbert Kaspar, Heinz Kienzl, Hans G. Knitel, Günther Kogler, Herbert Kohlmaier, Andreas Koller, Elisabeth Koller-Glück, Karl Korinek, Thomas Kramar, Helmut Kramer, Peter Kreisky, Franz Kreuzer, Herbert Krejci, Nikolaus Krivinyi, Johannes Kunz, Otmar Lahodynsky, Erwin Lanc, Sixtus Lanner, Elisabeth Leitner, Dieter Lenhardt, Paul Lendvai, Norbert Leser, Hans Magenschab, Hans Mahr, Peter Marboe, Georg Markus, Ludwig Marton (+), Beppo Mauhart, Anton Mayer, Norbert Mayer, Rainer Mayerhofer, Hans Mayr (+), Willy Mitsche, Fritz Molden, Herbert Neumayer, Heinz Nußbaumer, Franz Olah (+), Franz Oswald, Willibald Pahr, Johanna Pattera, Wolfgang Pav, Oliver Pink, Karl Pisa, Hermann Polz, Peter Rabl, Peter Radel, Manfried Rauchensteiner, Georg Renner, Peter Roland, Willi Sauberer, Wolfgang Schallenberg, Peter Schieder, Margit Schmidt, Kurt Scholz, Walter Schwimmer, Walter Seledec, Karl Semlitsch, Norbert Steger, Heribert Steinbauer, Gerhard Steininger, Josef Taus, Peter Urbanek, Paul Vecsei, Gerhard Vogl, Kurt Vorhofer (+), Herbert Vytiska, Sepp Wille, Hermann Wlczek, Helmut Wohnout, Wolfgang Wolte, Helmut Zilk (+).

machen. Das hat er nicht getan. Er behielt seine dominierende Stellung im Kuratorium und nützte diese Stellung auch in einer Weise aus, dass die ZiB im Volksmund den Namen ‚Zilk im Bild' erhielt …" Und – man erahnt direkt sein Kopfschütteln beim Diktieren des Briefes: „Wenn das in der Sozialistischen Partei Schule macht, was da in Wien passiert ist, dass einer, der niemals in ihr eine gewählte Funktion innehatte, zum Bürgermeister gemacht wird, dann sehe ich sehr Düsteres kommen … Zilk, Dichand und Bacher, das ist ein Triumvirat, das die Medien beherrscht. Dazu kommen einige sie umgebende Krokodilvögel, die Missbrauch mit den ihnen anvertrauten Millionen für Öffentlichkeitsarbeit treiben."

*

Auch zu ganz engen Mitarbeitern trübte sich im Laufe der Jahre das Verhältnis. So loyal und auch nachsichtig Kreisky sein konnte, so nachtragend verhielt er sich, wenn er jemandem einmal seine Gunst entzogen hatte. Staatssekretär Ernst Eugen Veselsky gehörte dazu. Kreiskys Büro wusste das bald auszunützen. Wenn ein Akt im Büro landete, der den Ansichten der Kabinettsmitarbeiter widersprach, legte man das Dossier dem Kanzler vor mit der Bemerkung: „… und übrigens: Der Veselsky ist auch dafür." Damit landete der Akt zielsicher im Papierkorb.

Veselsky hatte die Gunst des Kanzlers wegen einer steuerpolitischen Streitfrage verloren. Als ihn dann der Kanzler im „Pressefoyer" vor den Journalisten rügte und ein Zeitungsinterview „ungehörig" befand, reichte Veselsky seinen Rücktritt ein. Zum Abschied sagte Kreisky: „Du warst mein schlechtester Staatssekretär, den man sich vorstellen kann. Du wärst mein bester Minister geworden. Die Geschichte wollte das nicht so." Der wütende Staatssekretär entgegnete: „Und du bist die größte Enttäuschung meines Lebens. Ich habe meinen Vater sehr früh verloren, und in dir habe ich so etwas wie meinen Vater gesehen. Wenn du mich schlecht behandelt hast, hab ich mir

gedacht, du gleichst irgendwie Erziehungsdefizite bei mir aus. Bis ich draufgekommen bin, das war reiner Sadismus."

*

Hertha Firnberg war eine Dame, auch wenn die Marxistinnen auf dieses Attribut überhaupt keinen Wert legten. Sie wusste sich zu kleiden und pflegte ihren weiblichen Tick, allmorgendlich die Friseuse zu bemühen. Sie war blitzgescheit und in der Analyse schneller als viele ihrer Genossen auf der Ministerbank. Und sie war gefürchtet wie ihr geliebter Mops „Andi". Natürlich kein x-beliebiger, sondern ein preisgekrönter.
Bruno Kreisky, dieser erfolgsverwöhnte Star einer ganzen Ära, respektierte Firnberg und hütete sich, sie zu reizen. Einmal tat er es doch – und Firnberg hat es ihm nie verziehen. Als Vizekanzler Hannes Androsch vom „Hof" verstoßen wurde, rechnete die Ministerin als „Doyenne" insgeheim mit der Rangerhöhung. Doch der um eineinhalb Jahre jüngere Kreisky brummte lediglich: „Alt bin i selber"– und Fred Sinowatz sprang aus der Wundertüte. Dass Kreiskys böse Bemerkung publik wurde, hat Hertha Firnberg nicht nur geärgert. Sie war empört. Nur in ihren feinen Nuancen konnte das der aufmerksame Interviewer bemerken: „Ich war sehr lange sehr gut mit Kreisky." Das saß. Und man verstand.

*

Im September 1978 entließ Kreisky die politisch ungeschickte Gesundheitsministerin Ingrid Leodolter. Die Primaria wurde kalt abserviert. Und zwar auf die subtile Kreisky'sche Art und Weise. Sie sei „halt ein lieber Kerl", vertraute er den Zeitungen an. Frau Leodolter hatte den Hohn verstanden und verfügte sich wieder als Primaria in ihr Spital.
Die Kündigung von Mitarbeitern gehört immer zu den unangenehmen Dingen. Wesentlich direkter hat einmal VP-Chef Julius Raab einen untragbar gewordenen Funktionär ins Abseits ge-

schickt. Das war der skandalumwitterte Wiener Parteiobmann Fritz Polcar. Raab ließ den Mann kommen und eröffnete ihm: „Du verstehst, ana von uns zwa muass geh'n. Ich danke dir."
Um die Parteifrauen nach Leodolters Abhalfterung zu beruhigen, installierte Kreisky gleich vier Staatssekretärinnen auf einen Sitz. Aber welche Minister sollten sie bekommen? Androsch nahm sich die harmlose Salzburgerin Elfriede Karl. Seine Sektionschefs waren empört: „Wir brauchen keine Staatssekretärin. Jeder von uns weiß mehr als ein Staatssekretär." Androsch beruhigte die Hochbürokraten: „Die Karl schicken wir zum Familienlastenausgleich, sie ist loyal. Und sie ist vor allem keine Aufpasserin für den Kreisky."

Pinselstriche

Nostalgische Bonmots, Erinnerungen an ein Phänomen

Für Kreisky war der 12. Februar 1934 Zeit seines Lebens ein Datum, das sich tief in sein politisches Bewusstsein eingeprägt hat. Als 1974 der 40. Jahrestag nahte, entschloss sich Kreisky zu einer großen würdigen Gedenkveranstaltung im Wiener Konzerthaus. Er lud Freund Leonard Bernstein ein, um Beethoven zu dirigieren, und suchte nach einem würdigen Gastredner. Willy Brandt musste absagen, und eines Tages erzählte Kreisky im kleinen Kreis, er habe einen großartigen Mann aus der spanischen Arbeiterbewegung kennen gelernt. „Er heißt Felipe González und er hat während der Franco-Diktatur jahrelang in der Illegalität gearbeitet. Ich habe ein faszinierendes Gespräch mit ihm geführt; er ist zwar noch etwas jung (González war damals 32 Jahre), aber ich habe ihn eingeladen, bei unserer Gedenkveranstaltung am 12. Februar im Konzerthaus zu sprechen, und er hat die Einladung angenommen."

Die Vorbereitungen zu einer würdevollen Feier liefen auf Hochtouren, der Konzerthaussaal war geschmückt und gesteckt voll, alle waren festlich gekleidet. González hielt eine hervorragende und feurige Rede, aber Kreisky hatte dennoch ein leichtes Schockerlebnis, denn der junge spanische Sozialist – der spätere Ministerpräsident Spaniens – erschien auf der Bühne ohne Krawatte mit einem Ausschlaghemd, einer sportlichen Hose und einer schwarzen Lederjacke – und am Ende seiner Rede streckte er die linke Faust in die Höhe. Am Ende der Veranstaltung brummte Kreisky: „Der Felipe ist gut, der wird seinen Weg machen. Aber er kennt halt weder die SPÖ noch das Konzerthaus."

*

In der Löwelstraße begegnete Kreisky einem niederösterreichischen Parteigenossen aus Vorkriegszeiten – damals, als der Wiener Kreisky politisch nach Niederösterreich „verfrachtet" worden war. Freundliche Begrüßung, dann Verabschiedung. Als der Freund außer Sichtweite war, sagte der Kanzler: „Er war besser beim Feuerwehrfest, ich bei der politischen Versammlung. Wir haben uns wunderbar ergänzt."
Im Jänner 1971 wurde in der Wiener Neustädter Militärakademie der traditionelle „Ball in der Burg" vom Bundesheer abgesagt. Aus Protest gegen die Heeresreform unter Kreisky. Der Kanzler ließ sich dadurch nicht beirren, sondern setzte eine Diskussion mit den Militärakademikern an. Tagelang trainierten die werdenden Offiziere Argumente und Antworten. Die „Diskussion" verlief dann wie üblich: ein Kreisky-Monolog in der Länge einer Stunde, keine Fragen. Nur ein fürwitziger Oberleutnant widersprach dem Regierungschef in einem Punkt. Das sollte seine Karriere entscheidend befördern. Bei der anschließenden Jause im Offizierskasino orderte Kreisky einen Krapfen und „befahl": „Der ist für den Herrn Oberleutnant da." Später wurde der Offizier Gründer des wehrpolitischen Refe-

rats und eines schönen Tages Militärkommandant von Wien. Karl Semlitsch ging als Generalmajor in Pension.

Bundesheergeneral Felberbauer war in Kreiskys Ära für die Produktion des Jagdpanzers „Kürassier“ zuständig. Als Demonstranten vor dem Werksgelände gegen die „Aufrüstung“ des Heeres protestierten, halfen die dort beschäftigten Arbeiter den Berufsdemonstranten ein wenig auf die Sprünge. Felberbauer war dabei nicht ganz unbeteiligt. Am nächsten Tag rief ein Unbekannter im Büro des Generals an. Die Sekretärin: „Der Herr will sich nicht melden.“ Sie stellte durch und es ertönte Kreiskys Stimme: „Bravo!“ – und aufgelegt hat er.

Kreiskys Freund, der deutsche SPD-Kanzler Willy Brandt, musste abtreten, als ein DDR-Spion in seinem Mitarbeiterstab enttarnt wurde. Kreisky, an diesem Tag besonders ärgerlich wegen vieler Kleinigkeiten, die schiefliefen: „Ich plag mich Tag und Tag, obwohl doch alles ganz einfach wäre. So ein kleiner Guilleaume in meiner Umgebung, und ich könnt mir das alles ersparen.“

Ende der Siebzigerjahre gab es kurz einen Sturm im Wasserglas. Gerüchte tauchten auf, in des Kanzlers Umgebung gebe es einen Spion, der ohne Vorweisen eines polizeilichen Führungszeugnisses Mitglied der SPÖ geworden sei. Kreisky hielt nicht viel davon: „Diese Praxis der Mitgliederaufnahme hat der SPÖ immerhin zu 700.000 Mitgliedern verholfen.“

„Viele wissen um meine starke Zuneigung zu Tieren, im Besonderen zu Hunden“, meinte Kreisky zu seinem Pressesekretär Johannes Kunz. „Das entspricht nicht jener resignierten Feststellung, wonach das Beste am Menschen sein Hund wäre, sondern dem Bedürfnis, gelegentlich mit Lebewesen zu tun zu haben, die vor allem nicht reden.“

*

Ende 1976 ging „der Alte“ in Pension. Freilich nur als Beamter. Er hatte am 22. Jänner das 65. Lebensjahr vollendet, also kam

Ende des Jahres der Pensionsbescheid für den Diplomaten als „Außerordentlicher Gesandter und bevollmächtigter Minister“ (vorletzte Dienstklasse, VIII) – ein wahrlich klingender Titel ohne jegliche Bedeutung. Denn seit er Bundeskanzler war, durften Regierungsmitglieder keine Zusatzeinkünfte, auch keine Ruhegenüsse beziehen. Ganz offiziell schickte also der ressortzuständige Außenminister Willibald Pahr seinem Chef den Bescheid unter dem Aktenzeichen 2304.1/I-IV.2/76, „dass Sie mit Ablauf des 31. Dezember von Gesetzes wegen in den dauernden Ruhestand übertreten.“ Um gleich alle Missverständnisse zu beseitigen: „Gegen diesen Bescheid ist kein Rechtsmittel zulässig.“ Da hatte die Partei selbst schon lange reagiert: Denn im Parteistatut war eindeutig festgelegt, dass Funktionäre im Jahr ihres 66. Geburtstages die Ämter zurückzulegen hatten. Das hatte unglücklicherweise Kreisky selbst einst so verfügt. 1977 hätte Kreisky also spätestens gehen müssen. Die Partei geriet nur kurz in Panik. Dann setzte ein Bundesparteitag den Passus einfach außer Kraft.

*

Als Privatier reiste Kreisky zu einem Kongress nach Washington, als Thomas Klestil dort Botschafter war. Klestil holte den Exkanzler vom Flughafen ab, und als Kreisky unterwegs ins Stadtzentrum eine Filiale der britischen Firma „Burberry“ sah, bat er den Fahrer, kurz anzuhalten. Aus dem Kofferraum kramte er einen Plastiksack und betrat mit Klestil das Geschäft. „Was heißt denn Schlapfen auf Englisch“, fragte er den Botschafter halblaut. Klestil: „Slippers.“ Worauf Kreisky aus dem Sack ein Paar Hausschuhe hervorholte und zum Verkäufer sagte: „Ich habe vor Kurzem bei Ihnen in London diese Schlapfen – these slippers – gekauft. Die sind mir zu groß. Können Sie mir's umtauschen?“ Sofort entfaltete sich rege Geschäftigkeit in dem Laden, mehrere Verkäufer beeilten sich, dem alten Herrn verschiedene Größen desselben Modells vorzuführen. Kreisky

probierte alle durch und stellte nach einiger Zeit fest: „So. Die da passen." Worauf der Verkäufer trocken meinte: „Das sind die Schuhe, die Sie mitgebracht haben, mein Herr."

Die Alleinregierung plante, in einem Schloss, das einer internationalen Stiftung gehörte, eine Tagung mit Wissenschaftlern abzuhalten. Aus New York forderte Kreisky ein Verzeichnis der diversen Aktivitäten an, damit man sichergehen konnte, dass die geplante Tagung in den Rahmen der Stiftung passe. Gemeinsam mit Margit Schmidt ging Kreisky murmelnd das Veranstaltungsverzeichnis durch und las unter anderem: „Das Verhalten von Menschenaffen". Kreisky: „Es passt dazu!"

Und nochmals die Affen. Während einer Wahlkundgebung blickte Kreisky in die versammelte Menge und murmelte zu seinen Begleitern: „Mir geht's wie dem Affen in Schönbrunn: Ihn kennt jeder, er kennt niemanden."

*

Als 1980 die Olympischen Spiele in Moskau wegen des sowjetischen Einmarsches in Afghanistan boykottiert werden sollten, zögerte Kreisky lang mit seiner Entscheidung. Die Journalisten wollten, dass er sich äußere. Karl Danninger sprach ihn im Pressefoyer direkt an: „Wenn Sie ein Sportler wären, was würden Sie tun?" Kreisky blickte lang an seinem Bauch hinab bis zu den Schuhspitzen und fragte zurück: „Können Sie sich mich als 100-Meter-Läufer vorstellen?"

Franz Korinek besuchte Kreisky auch noch in der Pension hin und wieder. Bei einem dieser abendlichen Zusammentreffen plauderte man über die Familien. Kreisky: „Sag einmal, wie lang hältst du deine Enkerl aus?" Korinek meinte, er erzähle ihnen gern Geschichten, aber so nach einem halben Tag sei er schon ganz froh, wenn sie wieder fort seien. Der Kanzler: „So lange? Was über eine halbe Stunde hinausgeht, ist anstrengend."

Gutes Langzeitgedächtnis: Während einer Autofahrt durch Niederösterreich erzählte Kreisky seinem Pressesekretär Kunz

aus der Zwischenkriegszeit: „Da ist ein berühmter Ort. In der Ersten Republik gab's da ein Bordell. Bei dem haben sich bei kämpferischen Kundgebungen am Vorabend die Schutzbündler und am Nachmittag nachher die Heimwehrler angestellt. So ist das Leben …“

Die Schatten werden länger

Von Altersmilde war bis zum Tod keine Rede

Der Wahlkampf 1983 mit einem schon schwerkranken Bruno Kreisky war eine Strapaze für den Kandidaten und sein Team. Drei Tage vor der Wahl kündigte sich überraschend ein ORF-Kamerateam für die Abendveranstaltung im „Haus der Begegnung“ in Wien 22 an. Interne Besprechung: ein schmuckloser Saal, viele ältere Mitbürger, viele rote Fahnen mit drei Pfeilen, und vielleicht sogar die Internationale – für das Fernsehen nicht gerade der richtige Rahmen. Innerhalb von drei Stunden wurde alles umgepolt: Blumenarrangements, rot-weiß-rote Fahnen an den Wänden, die Mitglieder des damaligen Jugendclubs der Zentralsparkasse zahlreich im Saal verteilt – und beim Eintreten von Kreisky die Bundeshymne. Die Genossen waren zufrieden: Es war ein bisschen ungewöhnlich, aber viel schöner als normal.

*

Otto Pammer, legendärer Produzent der ORF-„Seitenblicke“, drehte einen Wahlkampffilm für die SPÖ, in dessen Mittelpunkt – wer denn sonst – Bruno Kreisky stand. Als der Streifen, nach aufwändigen Dreharbeiten im Kanzleramt und in der Wohnung des Kanzlers, etwa beim Frühstück, endlich fertig war, wurde er dem obersten Werbemanager der Partei, SPÖ-Zentralsekretär „Charly“ Blecha vorgeführt. Der schüttelte plötzlich den Kopf:

„Den können wir nicht spielen!" Otto Pammer war verzweifelt: „Was ist schlecht? Was gefällt dir nicht?" Blecha ungerührt: „Den können wir so nicht spielen!" Pammer nahm einen neuen Anlauf: „Die Belichtung ist o.k., der Schnitt flott ..." Blecha: „Technisch ist alles in Ordnung. Nur schau' dir die Uhr hinterm Bruno beim Frühstück an. Da ist es neun Uhr fünfzehn. Ein SPÖ-Vorsitzender frühstückt spätestens um sieben!"

*

Weil sich die Symptome seiner Erkrankungen nicht mehr ganz verheimlichen ließen, tuschelte die Wiener Zeitungsszene schon intensiv über einen Rückzug des „Alten". Dieter Kindermann von der „Krone" traute sich, den Kanzler direkt zu fragen, ob sein Gesundheitszustand eigentlich sakrosankt sei. Kreisky: „Bei mir is' nix sakrosankt, weil ich ein Agnostiker bin. Und was soll bei einem Agnostiker sakrosankt sein?"
In Interviews gab sich der alte Mann noch halbwegs gesund: „Ich fahre Ski – nicht sehr gut, aber gern. Ich spiele Tennis – nicht sehr gut, aber gern. Ich schwimme – gern."
Die Wahl ging – wie zu erwarten war – schief. Zwar blieb die SPÖ weit voran, aber die absolute Mehrheit war dahin, die SPÖ benötigte einen Koalitionspartner. Für Kreisky war der Zeitpunkt gekommen: Die Führung einer Koalitionsregierung wollte, konnte er sich nicht mehr antun. In der „Salzburger Volkszeitung" räsonierte Willi Sauberer: „Kreisky tritt ab und Österreich besteht weiter. An dieser Möglichkeit scheinen in den letzten 13 Jahren viele Wähler gezweifelt zu haben. Aber nirgends wächst das Gras schneller als auf politischen Gräbern. Die Zeit wird rascher kommen, als man heute denkt, wo man die Frage stellen wird: Kreisky – wer war das?"
So kann man sich irren.
Warum aber wurde 1983 die Volkspartei weiter von der Mitregierung ausgeschlossen? Mocks Vertrauter Herbert Vytiska hat dafür eine interessante Erklärung, denn das Verhältnis

Kreisky–Mock war ja jahrelang recht stabil. Es war die Krise der Verstaatlichten Industrie, sagt Vytiska, die den Bruch herbeiführte. Um das Überleben dieser Betriebe sicherzustellen, mussten 1982 der VÖEST und VEW fünf Milliarden Schilling aus dem Steuertopf zugeschossen werden. Kreisky versuchte in diese Aktion vor allem Oberösterreich und die Steiermark einzubinden. Deren Landeshauptleute Josef Ratzenböck und Josef Krainer übten massiven Druck auf Alois Mock aus. Sie malten das Gespenst massiver ÖVP-Stimmenverluste in den beiden Ländern an die Wand. Mock blieb hart und setzte sein Nein zu vergeudeten Milliardenspritzen auch im Parteivorstand durch. Die SPÖ musste im Alleingang die Rettungsmilliarden beschließen. Kreisky ging zunehmend auf Distanz. Dies führte 1983 dazu, dass er zwar die politische Bühne verließ, gleichzeitig aber dafür sorgte, dass die ÖVP weiter auf der Oppositionsbank sitzen blieb, indem die SPÖ eine Partnerschaft mit den Freiheitlichen einging.
Noch am Wahlabend ließ Kreisky in einem vertraulichen Gespräch mit FPÖ-Obmann Norbert Steger die Katze aus dem Sack. Die beiden hatten fast eine Stunde Zeit für das Gespräch in einem kleinen Zimmer der Hauptwahlbehörde in der Herrengasse, denn ÖVP-Obmann Mock war durch seine „Siegesfeier" vor dem Palais Todesco aufgehalten worden. Kreisky eröffnete dem verblüfften Oppositionellen, dass er eine rot-blaue Koalition befürworte, selbst aber aus der Regierung ausscheide und Fred Sinowatz sein Nachfolger werden möge. Steger: „Ich war verzweifelt: Mit Sinowatz, ohne Kreiskys Autorität – ob das gut gehen könnte?"
Es ging, wie wir heute wissen, nur eine Zeitlang gut. Dann eroberte der Wahlkärntner Jörg Haider den Vorsitz bei den Freiheitlichen, und die Kleine Koalition war 1986 zu Ende. Der neue Bundeskanzler Franz Vranitzky war wild entschlossen, den Regierungspakt aufzukündigen.
Am Tag nach dem Innsbrucker Parteitag saß in Wien das

SPÖ-Präsidium beisammen, auch der Ehrenvorsitzende Bruno Kreisky war dabei. Parteichef Franz Vranitzky kam zu spät und beendete die Diskussion mit der Bemerkung, das sei alles jetzt zu spät, in einer Stunde werde das ORF-„Mittagsjournal" bekanntgeben, dass er die Zusammenarbeit mit den Freiheitlichen beende. Betroffenheit bei den Präsidiumsmitgliedern. Lediglich der alte Pensionist Bruno Kreisky fand Worte: „Ich halte das für einen schweren historischen Fehler."
Noch bestand aber die rot-blaue Regierungskonstellation. Bis zu den Neuwahlen, dann war die Kleine Koalition Geschichte. Der gestürzte FP-Obmann Steger hatte nach dem Verlust auch des Regierungsamtes „Lebensangst", wie er heute zugibt. Es waren die „großen Krokodile", die sich um ihn kümmerten: Rudolf Sallinger, Anton Benya und – Kreisky: „Wenn Sie geschäftlich ins Ausland fahren, sagen Sie es mir. Sie bekommen von mir Empfehlungsbriefe." Kreisky hielt sein Wort. Steger heute: „Es stimmt also keineswegs, dass die einzigen Menschen, die Kreisky mochte, seine Hunde waren."

*

Mit Kurt Waldheim verband Kreisky ein besonders enges, ja freundschaftliches Verhältnis. Als sich die Amtszeit von Rudolf Kirchschläger dem Ende zuneigte, forcierte er für die Neuwahl 1986 die Idee, einen Kandidaten vorzuschlagen, den auch die ÖVP mittragen würde – das war Kurt Waldheim. ÖVP-Obmann Mock wollte aber, dass erstmals ein von der ÖVP unterstützter Kandidat in die Hofburg einzieht – und er wollte gleichzeitig verhindern, dass die Partei ihn selbst ins Rennen um die Hofburg schickt – um ihn als Parteiobmann los zu werden. In einem Überraschungscoup präsentierte er daher mehr als ein Jahr vor dem Wahltermin, im Winter 1985, den ehemaligen UN-Generalsekretär als „überparteilichen Kandidaten". Mehr noch als die ÖVP war die SPÖ offenbar überrumpelt. Zunächst war man sprachlos, dann aber wurde mit dem Segen von Fred

Sinowatz begonnen, eine Kampagne gegen jenen Kandidaten zu zimmern, den Kreisky nicht nur ganz besonders geschätzt, sondern auch noch forciert hatte.
Als Vranitzky 1987 dem neuen Koalitionspartner ÖVP das Außenministerium zukommen ließ, kannte Kreiskys Empörung kaum Grenzen. Spontan legte er den Ehrenvorsitz seiner Partei zurück, da man ohnehin nicht auf ihn hörte. Nur mühsam konnte Vranitzky eine Annäherung herbeiführen, zumindest für die Öffentlichkeit. Der österreichische Botschafter in Bonn, Friedrich Bauer, war dabei äußerst hilfreich: Im Dezember 1988 reiste die Hautevolee der europäischen Sozialdemokratie nach Godesberg, wo Kanzler Kohl ein Abendessen zu Ehren des 75-jährigen Willy Brandt gab. Kreisky kam im Privatjet seines Freundes Kahane, Botschafter Bauer nahm ihn in Empfang und teilte ihm gleich mit, dass natürlich auch Vranitzky als amtierender SPÖ-Chef kommen werde. Der Alte brummte Unverständliches. Eher Unfreundliches. Und, setzte Bauer fort: Vranitzky werde ihn begrüßen. Der ORF sei informiert und werde die Szene filmen. Als kurz darauf Vranitzky im Gästehaus eintraf, sagte er zu dem halb blinden alten Mann: „Guten Abend, Herr Bundeskanzler, schön, dich hier zu treffen." Kreisky gab sich einen Ruck und sagte so freundlich wie er eben konnte: „Servus, ganz meinerseits."

*

Das Alter hatte es mit Kreisky nicht gut gemeint. Mit den früheren Parteifreunden hatte er sich zerstritten, die Krankheiten setzten ihm zu, seit dem Tod seiner Frau Vera war er sehr allein. Bitterkeit herrschte in der Villa in der Armbrustergasse.
„Man sollte eigentlich glauben", meint der sozialdemokratische Politologe und Sozialphilosoph Norbert Leser, „dass ein Mensch von diesen vielen Hochgefühlen zehren kann, die er erleben durfte. Aber das war nicht der Fall." Und dennoch: Gefragt nach den beeindruckendsten SPÖ-Politikern, denen er

begegnet ist, zählt Leser ohne Umschweife auf: „Kreisky, Olah, Androsch."
Auch in Pension sorgte Kreisky ständig für Schlagzeilen. 1985 lieferte die VOEST-Waffenschmiede „Noricum" 110 Kanonen GHN 45 nach Libyen.
Die Zeitschriften „Basta" und „profil" berichteten über den Deal und über das wahre Bestimmungsland: den kriegführenden Iran. „profil"-Redakteur Otmar Lahodynsky rief den Bundeskanzler a. D. auf Mallorca an. Kreisky verteidigte den Verkauf der Kanonen nach Libyen. „Schauen Sie, Libyen braucht diese weit reichenden Geräte." – „Warum?", fragte der Journalist. – „Libyen liegt an der Großen Syrte", dozierte Kreisky. „Und dort kreuzt oft die sechste US-Flotte. Daher braucht Gaddafi diese Geräte."
Der Journalist konnte seinen Ohren kaum trauen. Da hatte der Altkanzler der immerwährend neutralen Republik Österreich soeben mitgeteilt, dass Libyens Staatschef die etwa 30 Kilometer weit schießenden Kanonen aus Österreich angeschafft hatte, um damit auf die US-Kriegsflotte im Mittelmeer zu schießen. Doch dazu kam es bekanntlich und zum Glück nicht. Libyen reichte die Geschütze sofort an den Iran weiter.
Kriechbaumers Resümee: „Bruno Kreisky hat tiefe und bleibende Spuren in der Geschichte der Zweiten Republik und der SPÖ hinterlassen. Österreich wurde moderner und die Insel der Seligen erstrahlte nochmals in einem Abendglanz ..." Die SPÖ befreite er vom „Mief der sozialistischen Milieupartei". Zu den Schattenseiten zählt der Historiker „ein bis dahin nie gekanntes Ausmaß an Skandalen und Korruption und die Überschuldung der öffentlichen Haushalte".
„Ich lege keinen Wert auf Kränze, die die Nachwelt mir flicht", schrieb Kreisky am Schluss seines Memoirenwerkes. „Ich lege keinen Wert auf Denkmäler. Was ich gern hätte, wäre, wenn einmal die Periode, in der ich die politischen Verhältnisse in Österreich beeinflussen konnte, als eine Periode der Einleitung großer Reformen betrachtet würde, die ihre gesellschaftlichen

Spuren hinterlassen und eine Verbesserung der gesellschaftlichen Verhältnisse gebracht haben. Nichts wäre grauslicher als der Gedanke, nur administriert zu haben."

*

Nach Kreiskys Abschied von der Politik pfiff ein anderer Wind durchs Kanzleramt. Hatte der Alte noch seinem Hang zu adeligen Diplomaten nachgegeben, so kamen nun die sozialistischen Nachrücker an die Reihe. Die Präsidialsektion wurde neu ausgeschrieben, es sollte Sektionsleiter Matzka nachfolgen. Der „schwarze" Kabinettschef beim Föderalismus-Minister Weiss, Mathias Tschirf, bewarb sich ebenfalls. Worauf ein äußerst aufgeregter SPÖ-Personalvertreter den unvorhergesehenen Bewerber zu sich rief: Was er sich eigentlich einbilde? Tschirf: Na ja, der frühere Präsidialist Lukas (Graf) Beroldingen sei ja auch nicht unbedingt rot gewesen. Die Antwort des Gewerkschafters war klassisch: „Das waren auch andere Zeiten, lieber Herr!" Ja, das waren sie. Matzka wurde es natürlich.
Ein interessantes Dossier über die Ära Kreisky befindet sich im Besitz des Kreisky-Nachlassverwalters Oliver Rathkolb: 15.000 Seiten eines Tagebuches, das Josef Staribacher von der ersten Stunde seiner Ministerschaft 1970 bis zum Ausscheiden 1983 geführt hat. Er diktierte frühmorgens die Ereignisse des Vortags auf ein Tonband, die Abschrift der Sekretärin kam in den Panzerschrank des Ministers. Das Dokument darf erst nach Staribachers Tod verwertet werden.
„Als Bruno Kreisky schon sehr krank war, ziemlich zum Schluss, bin ich mit ihm in der Armbrustergasse gesessen", erzählt die treue Seele Margit Schmidt. „Ihn haben die turbulenten Ereignisse in Deutschland, der Mauerfall, die Wende, sehr beschäftigt. Wenn er jünger und gesünder gewesen wäre, wäre er gerne noch einmal nach Berlin gereist. Er hat lange über die Chancen der Zukunft Europas gesprochen. Nach einer Weile hat er mich traurig angeschaut und gemeint: „Alt werden ist eine Gemein-

heit." Immer wieder hatte er den anderen gepredigt, Dankbarkeit sei keine politische Kategorie. „Mit dem Kopf hat er das auch akzeptiert, im Herzen hat es doch weh getan."

*

In seinem Buch „Salz der Gesellschaft" stellte Norbert Leser fünf Jahre nach Kreiskys Tod das diesbezügliche Kapitel unter den Titel „Unter den Blinden ist der Einäugige König". Bewunderung und Verwunderung spricht aus Lesers Feststellung: „Er kam, sah und siegte, und dies nicht nur einmal, sondern drei- bis viermal hintereinander." Leser erinnerte daran, dass er nach der Wahl Kreiskys zum SPÖ-Vorsitzenden von einem „Glücksfall" gesprochen habe, die Richtung „Öffnung" der Partei habe über die Richtung „Schließung" gesiegt. „Aber leider hatte ich mit Ablauf der Zeit immer mehr Anlässe, auf die damals nur zart angedeuteten Bedenken zurückzukommen und enttäuscht zu sein."
Bruno Kreisky starb am 29. Juli 1990 einsam und bitter. Am Vorabend rief Margit Schmidt bei Heinz Fischer in dessen Zweithaus auf der Hohen Wand an: Der Chef sei in „ernstem Zustand" ins Spital eingeliefert worden. Fischer machte sich erbötig, gleich ins Krankenhaus zu kommen, aber Kreisky war nicht mehr ansprechbar. Als er im Koma lag, „hab ich mich ein letztes Mal von ihm verabschiedet", sagt Schmidt. Der Tod am nächsten Morgen war eine Erlösung für den Leidenden. Und die Trauerkundgebung in der Säulenhalle des Parlaments glich einem Staatsakt. So verabschiedete sich Österreich von einem „großen Österreicher, einem großen Europäer, einem Staatsmann" (Heinz Fischer).

Den zweiten Teil seiner Memoiren „Im Strom der Politik", den er noch selbst diktiert hat, schloss Kreisky mit einem Wort Ferdinand Raimunds, das er bei Heinrich Heine zitiert fand:

„Und scheint die Sonne noch so schön,
Am Ende muss sie untergeh'n!"

Andics, Hellmut; Peichl, Gustav: *Die sechziger Jahre*. Molden.
Bielka-Karltreu, Erich; Jankowitsch, Peter; Thalberg, Hans (Hg.): *Die Ära Kreisky*. Europaverlag.
Binder, Otto: *Wien – retour*. Böhlau.
Bischof, Günter; Pelinka, Anton (Hg.): *The Kreisky Era in Austria (Contemporary Austrian Studies 2)*. New Brunswick.
Braunthal, Julius: *Otto Bauer*. Verlag der Wiener Volksbuchhandlung.
Dickinger, Christian: *Der Kreisky-Androsch-Konflikt*. SVH-Verlag.
Etzersdorfer, Irene: *Kreiskys große Liebe – Inszenierungen eines Staatsmannes*. Kremayr & Scheriau.
Felber, Ulrike (Hg.): *Auch schon eine Vergangenheit*. Mandelbaum-Verlag.
Fischer, Heinz: *Die Kreisky-Jahre 1967–1983*. Löcker.
Fuchs, Doris: *Bruno Kreisky in der Karikatur (Beiträge zur neueren Geschichte Österreichs 2)*. Lang.
Gatty, Werner; Schmid, Gerhard; Steiner, Maria (Hg.): *Die Ära Kreisky. Österreich im Wandel 1970–1983*. Studienverlag Innsbruck.
Horvat, Elisabeth: *Ära oder Episode?* Kremayr & Scheriau.
Jelinek, Gerhard: *Reden, die die Welt veränderten*. Ecowin.
Kallinger, Günther; Tozzer, Kurt: *Todesfalle Politik*. NÖ Pressehaus.
Kindermann, Dieter: *Schicksalsmomente*. Kremayr & Scheriau.
Kindermann Dieter; Vogl, Gerhard: *Politik aus nächster Nähe*. Kremayr & Scheriau.
Kogler, Günther: *Der Proporzpakt – Das Comeback der Großen Koalition*. Ueberreuter.
Kopeinig, Margaretha; Petritsch, Wolfgang: *Das Kreisky-Prinzip*. Czernin-Verlag.
Korinek, Karl: *Der Onkel Julius*. Manz.
Kreisky, Bruno: *Zwischen den Zeiten*. Siedler.
Kreisky, Bruno: *Im Strom der Politik*. Siedler/Kremayr & Scheriau.
Kriechbaumer, Robert: *Die Ära Kreisky*. Österreich 1970–1983. Böhlau.
Kunz, Johannes: *Erinnerungen*. Edition S.
Kunz, Johannes: *Ich bin der Meinung*. Molden.
Kunz, Johannes: *Bruno Kreisky*. Edition S.
Lendvai, Paul: *Mein Österreich*. Ecowin.
Leser, Norbert: *Salz der Gesellschaft*. Kremayr & Scheriau.
Leser, Norbert: *Der Sturz des Adlers*. Kremayr & Scheriau.

Liegl, Barbara; Pelinka, Anton: *Chronos und Ödipus*. Braumüller.
Maderthaner, Wolfgang; u. a.: *Die Ära Kreisky und ihre Folgen*. Löcker.
Markus, Georg: *Die Enkel der Tante Jolesch*. Amalthea.
Markus, Georg: *Wie die Zeit vergeht*. Amalthea.
Markus, Georg: *Wie war es wirklich?* Amalthea.
Markus, Georg: *Das heitere Lexikon der Österreicher*. Amalthea.
Mauhart, Beppo: *Ein Stück des Weges gemeinsam*. Echomedia.
Müller, Konrad R.; Perger, Werner A.; Petritsch, Wolfgang: *Bruno Kreisky – Gegen die Zeit*. Edition Braus.
Palme, Liselotte: *Androsch – die Biographie*. Heyne.
Petritsch, Wolfgang: Bruno Kreisky. *Ein biographischer Essay*. Kremayr & Scheriau.
Pittler, Andreas P.: *Bruno Kreisky*. Reinbek.
Rathkolb, Oliver; Schmidt, Margit; Kunz, Johannes: *Der Mensch im Mittelpunkt – der Memoiren dritter Teil*. Kremayr & Scheriau.
Rathkolb, Oliver; Etzersdorfer, Irene (Hg.): *Der junge Kreisky. Schriften, Reden, Dokumente 1931–1945*. Jugend und Volk.
Rauchensteiner, Manfried: *Stalinplatz 4*, Edition Steinbauer.
Reimann, Viktor: Bruno Kreisky. *Porträt eines Staatsmannes*. Molden.
Reiter, Franz Richard: *Wer war Bruno Kreisky?* Ephelant.
Ritschel, Karl Heinz; Lendvai, Paul: *Kreisky*. Zsolnay/Econ.
Roth, Gerhard; Turrini, Peter; Müller, Konrad R.: *Bruno Kreisky*. Nicolai.
Röttinger, Christian: *Also sprach Bruno Kreisky*. Wien.
Scheidl, Hans Werner: *Ente zum Frühstück*. Amalthea.
Scheuch, Manfred; Pelinka, Peter: *100 Jahre AZ*. Europaverlag.
Schmid, Gerhard: *Österreich im Aufbruch. Die österreichische Sozialdemokratie in der Ära Kreisky (1970–1983)*. Studienverlag Innsbruck.
Steger, Gerhard; Pelinka, Peter: *Auf dem Weg zur Staatspartei*. Verlag für Gesellschaftskritik.
Stourzh, Gerald: *Um Einheit und Freiheit*. Böhlau.
Trost, Ernst: *Österreich ist frei!* Amalthea.
Vogl, Gerhard: *Die ganze Republik ist Bühne*. Kremayr & Scheriau.
Vogl, Gerhard: *Land der Pointen – Österreich*. Kremayr & Scheriau.
Vogl, Gerhard: *Wer sagte was wann wo?* Kremayr & Scheriau.
Vodopivec, Alexander: *Der verspielte Ballhausplatz*. Molden.
Walter, Gerhard: *Charly – Stationen eines bewegten Lebens*. Echomedia.